westermann

Autoren: Claudia Charfreitag, Jörn Menne, Udo Müller-Stefer, Ingo Schaub, Christian Schmidt

Herausgeber: Jörn Menne, Ingo Schaub, Christian Schmidt

Ausbildung im Einzelhandel

Band 1
Arbeitsheft

5. Auflage

Bestellnummer 31137

Die in diesem Produkt gemachten Angaben zu Unternehmen (Namen, Internet- und E-Mail-Adressen, Handelsregistereintragungen, Bankverbindungen, Steuer-, Telefon- und Faxnummern und alle weiteren Angaben) sind i. d. R. fiktiv, d. h., sie stehen in keinem Zusammenhang mit einem real existierenden Unternehmen in der dargestellten oder einer ähnlichen Form. Dies gilt auch für alle Kunden, Lieferanten und sonstigen Geschäftspartner der Unternehmen wie z. B. Kreditinstitute, Versicherungsunternehmen und andere Dienstleistungsunternehmen. Ausschließlich zum Zwecke der Authentizität werden die Namen real existierender Unternehmen und z. B. im Fall von Kreditinstituten auch deren IBANs und BICs verwendet.

Die in diesem Werk aufgeführten Internetadressen sind auf dem Stand zum Zeitpunkt der Drucklegung. Die ständige Aktualität der Adressen kann vonseiten des Verlages nicht gewährleistet werden. Darüber hinaus übernimmt der Verlag keine Verantwortung für die Inhalte dieser Seiten.

service@westermann.de
www.westermann.de

Bildungsverlag EINS GmbH
Ettore-Bugatti-Straße 6-14, 51149 Köln

ISBN 978-3-427-**31137**-9

westermann GRUPPE

Vorwort

Das vorliegende **Arbeitsheft** ist eine ideale Ergänzung zu der entsprechenden Lehrbuchreihe – es kann aber auch mit anderen Büchern eingesetzt werden. Es bildet die Anforderungen des veränderten Rahmenlehrplans von 2017 ab und unterstützt die Schülerinnen und Schüler bei der Vorbereitung auf die Zwischen- und Abschlussprüfung:

- Die Umsetzung des problem- und handlungsorientierten Unterrichts mit **Lernsituationen** wird erheblich erleichtert: Ausgewählte Einstiegssituationen aus dem Lehrbuch werden aufgenommen, durch zusätzliche Arbeitsaufträge und methodische Hinweise ergänzt und in eine klare unterrichtliche Struktur überführt. So werden das vom Lehrplan geforderte Lernen in vollständigen Lernhandlungen gestützt und die Ausarbeitung der didaktischen Jahresplanung erleichtert.

- Durch **Arbeitsblätter** mit anregenden **Übungen** zu zentralen Begriffen und Zusammenhängen des jeweiligen Lernfeldes erhalten die Schülerinnen und Schüler ergänzend zum Lehrbuch zahlreiche Möglichkeiten, ihr neu erworbenes Wissen anzuwenden und zu festigen.

- **Prüfungsorientierte Aufgaben**, in denen die für die Zwischen- und Abschlussprüfung geforderten Inhalte in der für die Prüfungen typischen Form abgefragt werden, runden die Unterrichts- und Lernhilfe ab.

Mit dem Arbeitsheft wird die häufig so schwierige **Dokumentation** von Lern- und Arbeitsergebnissen sichergestellt, sodass die **individuelle Lernberatung** und die **Leistungsbewertung** nach Phasen **selbstständigen Lernens** erleichtert werden.

Hinweis zur Nutzung des Arbeitsbuches

Bei den **Lernsituationen** finden die Nutzer des Arbeitsbuches Symbole, die eine Empfehlung hinsichtlich einer geeigneten **Sozialform** darstellen:

Einzelarbeit

Partnerarbeit

Gruppenarbeit

zunächst Einzel-, dann Partnerarbeit

zunächst Partner-, dann Gruppenarbeit

Die **Farben** unterscheiden sich nach der jeweiligen Phase der Lernhandlung.

Im Arbeitsbuch finden Sie QR-Codes vor, die Lern- und Arbeitshilfen oder auch ergänzende Anregungen enthalten. Mit Ihrem Smartphone oder Tablet sowie einer QR-Code Scanner-App können Sie die Informationen einfach abrufen.

Inhaltsverzeichnis

Das Einzelhandelsunternehmen repräsentieren

Lernsituation 1: Mit der Ausbildung beginnen

Am ersten Arbeitstag als Auszubildende zur Kauffrau im Einzelhandel wird Sabine Freund vom Assistenten der Geschäftsleitung Sven Braun in Empfang genommen. *„Herzlich willkommen als neue Mitarbeiterin der Center Warenhaus GmbH!"*, sagt Sven Braun freundlich. *„Ich habe auch gleich einen großen Auftritt für Sie, die Geschäftsführer Kerstin Sommer und Thomas Becker begrüßen alle neuen Mitarbeiterinnen und Mitarbeiter an ihrem ersten Arbeitstag und möchten auch Sie kennenlernen." „Frau Sommer kenne ich schon aus dem Vorstellungsgespräch, aber auf die anderen bin ich natürlich gespannt"*, erwidert Sabine. Sven Braun führt Sabine zum Fahrstuhl und fährt mit ihr in die vierte Etage. Sabine und Sven Braun betreten den Konferenzraum. Frau Sommer kommt ihr lächelnd entgegen und drückt ihr die Hand:
„Herzlich willkommen als neue Mitarbeiterin der Center Warenhaus GmbH! Darf ich Ihnen meinen Kollegen Thomas Becker vorstellen? Das ist Frau Ahlemann, die Abteilungsleiterin der Verwaltung, die für Sie erste Ansprechpartnerin in allen Fragen der Ausbildung ist, und das ist Frau Meys, Ihre Ausbilderin in der ersten Zeit der Ausbildung!" Alle nehmen um den großen Konferenztisch Platz. Frau Meys bekommt dann das Wort, um etwas über die Ausbildung zu sagen. *„Bei den Ausbildungsberufen ‚Kaufmann/Kauffrau im Einzelhandel' und ‚Verkäufer/Verkäuferin' steht die Vermittlung der beruflichen Handlungskompetenz mit den Dimensionen Fach-, Sozial- und Personalkompetenz im Mittelpunkt der Ausbildung. Wir werden Sie daran messen, inwieweit es Ihnen gelingt, diese Kompetenzen auszubauen."* Sabine hat sich vorgenommen, die Ausbildung mit einem sehr guten Ergebnis abzuschließen. Sie überlegt sich, an welchen Verhaltensweisen die angesprochenen Kompetenzen jeweils festgemacht werden können. *„Was man unter ‚Fachkompetenz' versteht, ist mir ja noch ziemlich klar. Aber was sich hinter ‚Sozial- und Personalkompetenz' verbirgt, ist mir noch schleierhaft. Können Sie mir vielleicht nähere Informationen geben, die mir helfen, mich als Auszubildende richtig zu verhalten?"*

Beschreibung und Analyse der Situation

Erläutern Sie den Sinn des oben beschriebenen Treffens zu Beginn der Ausbildung.

____

____

____

____

Beschreiben Sie die Absicht, die sich hinter Sabines Wunsch nach „weiteren Informationen" verbirgt.

____

____

____

____

Beschreiben Sie Begriffe „Fach-“, „Sozial-“ und „Personalkompetenz“ in ein bis zwei Sätzen.

Planen und Durchführen

Erstellen Sie eine Checkliste. Darin sollen Sie konkrete Verhaltensweisen beschreiben, die auf bestimmte Kompetenzen hinweisen. Die folgende Tabelle kann Ihnen dabei helfen.

	Positive Beispiele	
Sozialkompetenz	**Ausbildungsbetrieb**	**Schule**
Verantwortungs-bereitschaft	*z. B.: Ich beseitige Unordnung – auch wenn sie ein Kollege verursacht hat.*	
Konfliktverhalten		
Kooperationsfähigkeit		*z. B.: Ich leiste einen aktiven Beitrag zum Gelingen von Gruppenarbeiten.*

Personalkompetenz	Ausbildungsbetrieb	Schule
Leistungsbereitschaft		
Zuverlässigkeit/ Sorgfalt		
Selbstständigkeit		

Bewerten

Tragen Sie Ihre Ergebnisse in der Gruppe zusammen. Diskutieren Sie, welche der beschriebenen Verhaltensweisen ganz konkret (statt allgemein) beschrieben sind. Die Verhaltensweisen sollten auch für Außenstehende klar und leicht ersichtlich sein. Schreiben Sie diese Verhaltensweisen auf je eine **Karte**. Ihre Gruppe darf **maximal 12 Karten** erstellen. Alternativ können Sie nach Rücksprache mit Ihrer Lehrkraft eine digitale Kartenabfrage gestalten.

Lernergebnisse sichern

Die Ergebnisse auf den Karten der einzelnen Gruppen sollten in der Klasse veröffentlicht und nach Möglichkeit geordnet werden. Danach notieren Sie für sich selbst 10 bis 12 Verhaltensweisen, anhand derer Sie sich im kommenden halben Jahr messen lassen wollen. Diese Liste können Sie sowohl Ihrem Ausbilder/Ihrer Ausbilderin als auch dem Klassenlehrer/der Klassenlehrerin als Kopie vorlegen. Mit den genannten Personen sollten Sie nach dem halben Jahr erneut das Gespräch suchen und sich ein Feedback holen, inwieweit Ihnen die Umsetzung Ihrer Checkliste gelungen ist.

Name: ______________________________

Meine Checkliste zum Arbeits- und Sozialverhalten:

1 ______________________________

2 ______________________________

3 ______________________________

4 ______________________________

5 ______________________________

6 ______________________________

7 ______________________________

8 ______________________________

9 ______________________________

10 ______________________________

11 ______________________________

12 ______________________________

gesehen: ______________________ ______________________

Ausbilder/-in Klassenlehrer/-in

Übung 1.1: Einen Zeitungsartikel zur Berufsausbildung aktiv bearbeiten

a) Markieren Sie die Ihnen unbekannten Wörter und klären Sie diese später im Unterrichtsgespräch.

b) Der Text ist in dieser Form sehr schlecht lesbar, da er keine Absätze enthält. Markieren Sie die Stellen im Text (__┌__), an denen Ihnen ein Absatz sinnvoll erscheint. Geben Sie den Absätzen Überschriften.

Zeitungsartikel (gekürzt) in der Frankfurter Rundschau vom 1. September 2016. Autor: Stefan Sauer.

Azubis im Stress | **Überschriften für Abschnitte**

Die Zufriedenheit mit Berufsausbildungen nimmt weiter ab. Was sind die Gründe für den Frust der Azubis?

Mit der Mischung aus praktischem Lernen im Betrieb und schulischer Unterweisung gilt die Berufsausbildung in Deutschland als vorbildlich. Die Nachfrage der Betriebe nach Fachkräften ist hoch, die nach Auszubildenden ebenfalls: Im vergangenen Jahr konnten bundesweit 41 000 Lehrstellen nicht besetzt werden. Die Jugendarbeitslosigkeit liegt mit 7,2 Prozent niedriger als in allen anderen EU-Staaten – mit Ausnahme Maltas. Dem aktuellen Ausbildungsreport des DGB zufolge sind fast drei Viertel der Befragten mit ihrer Lehre zufrieden. Das ist die Sonnenseite. Auf der Schattenseite des deutschen Berufsausbildungswesens befinden sich 270 000 Jugendliche und junge Erwachsene, die in allerlei Übergangsmaßnahmen zwischen Schule und Ausbildung feststecken. Insgesamt 282 000 junge Leute, die bei der Bundesagentur für Arbeit Interesse an einer Lehrstelle angemeldet hatten, gingen 2015 leer aus. [...] Doch das ist nicht die einzige Bruchstelle des hiesigen Ausbildungsmarkts. Auch unter den Azubis selbst scheint sich eine Zweiklassengesellschaft zu etablieren: Mit insgesamt zufriedenen Nachwuchskräften auf der einen und frustrierten, stark belasteten Lehrlingen auf der anderen Seite. Einesteils sind die Anteile der Azubis, die unter schlechten Arbeitsbedingungen leiden, in den vergangenen sieben Jahren deutlich zurückgegangen: Hatten 2009 noch 42,2 Prozent über regelmäßige Überstunden geklagt, waren es 2016 nur mehr 34,8 Prozent. Ausbildungsfremde Tätigkeiten wurden 2009 von 13,4 Prozent angegeben, 2016 von 10,6 Prozent. Noch stärker ging der Anteil minderjähriger Azubis zurück, die länger als 40 Stunden pro Woche zur Arbeit angehalten wurden: von 17,4 auf 11,2 Prozent. Andernteils nahm die Zufriedenheit mit der Ausbildung insgesamt ab: Vor sieben Jahren hatten sich noch drei Viertel als zufrieden oder sehr zufrieden geäußert, in diesem Frühjahr waren es 71,7 Prozent. Auch die fachliche Qualität des Berufsschulunterrichts wird mittlerweile deutlich schlechter bewertet: Nur noch 56,7 Prozent stellen der Berufsschule gute Noten aus, 2009 waren es 66,5 Prozent gewesen. [...] So schlägt die hohe Unzufriedenheit in einzelnen Bereichen im Durchschnittswert stark durch, während sich die Ausbildungssituation für die meisten Azubis eher verbessert hat. „Belastung und Stress konzentrieren sich ganz besonders auf einige Branchen", erläutert Oliver Dick vom Institut für sozialpädagogische Forschung in Mainz. [...] Zu den Ausbildungsberufen, die von den Befragten in der Bewertung der Arbeitszeiten, der Ausbildungsvergütung und der fachlichen Qualifikation der Ausbilder die besten Noten erhielten, zählen etwa Mechatroniker, Industriemechaniker und Bankkaufleute. In solchen Berufsfeldern finden sich vergleichsweise wenige Auszubildende, die sich (zu) stark belastet fühlen. Von Konzentrationsschwierigkeiten und hoher Krankheitsanfälligkeit berichten gut 13 Prozent der Befragten, ein ebenso großer Anteil hat schon mal an den Abbruch der Ausbildung gedacht. Weitaus höhere Zahlen ergeben sich in Ausbildungsberufen, die in Punkto Arbeitszeiten, Vergütung und Ausbildungsqualität die schlechtesten Noten erhalten, darunter Köche, Maler und Lackierer, zahnmedizinische Fachkräfte, Hotelkaufleute und Fachverkäufer im Einzelhandel. In diesen Bereichen gaben 31 Prozent der Lehrlinge Konzentrationsschwächen, 34,4 Prozent häufige Erschöpfungszustände und 36,5 Prozent wiederkehrende Gedanken an den Abbruch der Ausbildung an. Wie sehr die Belastungen letztlich auch den Betrieben schaden, zeigt die extrem hohe Abbrecher-Quote in manchen Berufen: Rund die Hälfte der Koch- und Restaurantfachkraft-Azubis schmeißt laut Berufsbildungsbericht der Bundesregierung vorzeitig hin. Zugleich zählt die Gastronomie zu jenen Branchen, in denen immer mehr Lehrstellen unbesetzt bleiben.

Quelle: Sauer, Stefan: Azubis im Stress. In: FrankfurterRundschau. 01.09.2016. https://www.fr.de/wirtschaft/azubis-stress-11098490.html [18.02.2020]

c) Halten Sie fest, von welchen Ausbildungsmängeln im Einzelhandel Sie schon einmal gehört haben.

d) Halten Sie hier den Namen und Kontaktdaten Ihrer Ausbildungsberaterin bzw. Ihres Ausbildungsberaters fest:

Übung 1.2: Erproben von Mindmapping

Eine neue Lern- und Arbeitstechnik, wie z. B. das Mindmapping, ist ungewohnt. Daher fällt es häufig schwer, sich darauf einzulassen und die Vorteile zu erkennen – zumal man ja schon jahrelang mit gewohnten Methoden mehr oder weniger erfolgreich arbeitet. Es ist daher wichtig, dass Sie eine neue Methode einige Male und in unterschiedlichen Zusammenhängen (z. B. allein oder zu zweit/in der Gruppe) ausprobieren, bevor Sie sich ein Urteil bilden.

In dem nachfolgenden Mindmap sollen Sie wichtige **Rechtsgrundlagen zur Berufsausbildung** zusammentragen. Zur Vereinfachung sind schon Hauptäste vorgegeben, an denen Sie weiterarbeiten können (mit Verzweigungen). Natürlich können Sie auch weitere Hauptäste aufnehmen. Beachten Sie die Regeln zur Erstellung von Mindmaps.

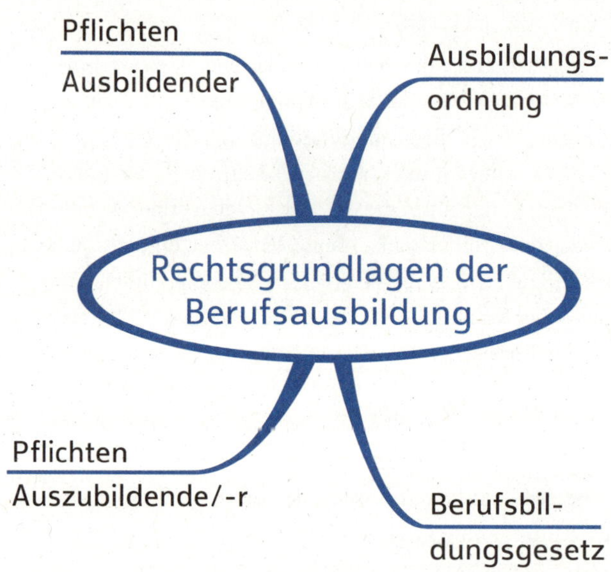

Lernsituation 2: Den eigenen Ausbildungsbetrieb präsentieren

Sabine Freund wird auf ein Plakat aufmerksam, das an vielen Stellen des EKZ Rheinpark aufgehängt ist.

Einkaufszentrum Rheinpark Köln

AuRheiKa

Was? AuRheiKa steht für **Au**sbildung und **Ka**rriere im EKZ **Rhei**npark. Es ist ein **Projekt,** das von allen ausbildenden **Unternehmen** des EKZ unterstützt wird.

Wer? Angesprochen sind **alle Auszubildenden** im ersten Lehrjahr im **EKZ** Rheinpark.

Wozu? AuRheiKa hat das Ziel, **Schulabgänger** für eine **Ausbildung** im EKZ Rheinpark zu interessieren. Außerdem sollen die **Teilnehmer** am Projekt ihre **Team-, Planungs- und Präsentationsfähigkeiten** verbessern.

In der Berufsschule wird das Projekt auch unterstützt. Die Schülerinnen und Schüler aus dem EKZ Rheinpark erarbeiten in Gruppen eine „AuRheiKa-Präsentation" – die anderen Auszubildenden sollen eine professionelle Präsentation ihres Ausbildungsbetriebes vorbereiten und durchführen.

Beschreibung und Analyse

Für die Vorbereitung und Durchführung der Präsentation wird in der Schule wertvolle Unterrichtszeit eingesetzt. Beschreiben Sie mögliche Lernergebnisse durch die Präsentationen, die den Aufwand rechtfertigen würden.

Es soll „professionell" präsentiert werden. Beschreiben Sie mindestens vier Merkmale, die für Sie eine professionelle Präsentation ausmachen.

Planen

Planen Sie Ihre Präsentation. Sie sollte 10 bis max. 15 Minuten dauern. Die nachfolgenden Schritte helfen Ihnen, zielgerichtet vorzugehen.

Schritt 1: Zielgruppengerechte Auswahl der Präsentationsinhalte

Wählen Sie Merkmale aus, anhand derer Sie Ihren Ausbildungsbetrieb beschreiben wollen. Diese Merkmale sollten Sie natürlich selbst interessant finden. Achten Sie zudem auf Ihre Zielgruppe, das heißt Ihre Mitschüler und Mitschülerinnen. Was könnte diese wohl interessieren? Hier einige Anregungen für Merkmale, die Sie sicher nicht alle aufnehmen müssen und zu denen Sie eigene Ideen hinzufügen sollten:[1]

Firma und Logo	Unternehmensphilosophie oder -leitbild	Standort	Betriebsform
wichtige Grundsätze im Umgang mit Kunden	Unternehmensgeschichte	Anzahl und Struktur der Mitarbeiter	Verkaufsform
Größe des Betriebes (m^2, Abteilungen, Artikel)	Aufbau des Betriebes	Sortimentsaufbau	unsere Serviceleistungen
wichtige Grundsätze des kollegialen Umgangs	Ablauf der Ausbildung	Perspektiven nach der Ausbildung	Schulungen und Seminare
ein wichtiger Betriebsablauf (z. B. Kassiervorgang)			

Schritt 2: Informationen zu den gewählten Merkmalen sammeln und in eine sinnvolle Reihenfolge für die Präsentation bringen

Nutzen Sie für diesen Schritt ihr persönliches Wissen und Ihre Erfahrungen aus dem Betrieb. Diese sollten Sie aber unbedingt ergänzen. Ihre Mitauszubildenden und Kollegen (insbesondere Ihr Ausbilder/Ihre Ausbilderin) können Ihnen wertvolle Anregungen geben. Die gesammelten Informationen können Sie in der unten stehenden Tabelle stichwortartig sammeln. In der letzen Spalte können Sie mit einer Zahl die Reihenfolge für die Präsentation planen.

Gewähltes Merkmal	Informationen in Stichworten	Reihenfolge (1 – ...)

[1] Sollten Sie mit einem Merkmal nichts anzufangen wissen, fragen Sie in Ihrer Gruppe, nutzen Sie Ihr Lehrbuch und/oder bitten Sie Ihren Lehrer bzw. Ihre Lehrerin um Hilfe.

Gewähltes Merkmal	Informationen in Stichworten	Reihenfolge (1 – ...)

Schritt 3: Die grundsätzliche Form der Präsentation festlegen

Damit Ihre Präsentation interessant und anschaulich wird, sollten Sie sich eine geeignete Form überlegen. Hierbei sind unterschiedliche Visualisierungsformen (z. B. mit Plakat, Folien, Karten, an der Tafel oder mithilfe eines Präsentationsprogramms) oder auch Darstellungen (z. B. Unternehmenspräsentation als Rollenspiel mit einem Kunden) denkbar. Halten Sie Ihre **Präsentationsentscheidung und deren Begründung** hier schriftlich fest:

Schritt 4: Die Präsentation genau planen (Einstieg, Hauptteil, Schluss) und „proben“

Halten Sie den Ablauf und die Verantwortlichkeiten in einem Plan fest:

Wann?	Wer? (Name)	Was? (siehe Info aus Schritt 2)
Einstieg		
Hauptteil		
Schluss		

„Proben“ Sie anschließend die Präsentation und diskutieren Sie in der Gruppe über Stärken und notwendige Änderungen.

Durchführen und Bewerten

Führen Sie die Präsentation durch.

Als **Beobachter** machen Sie sich nach jeder Präsentation zunächst einige Notizen. Mit diesen Notizen wird es Ihnen leichtfallen, Ihren Mitschülerinnen und Mitschülern ein **konstruktives Feedback** zu geben:

Gruppe	Was mir an der Präsentation gut gefallen hat ...	Mein Tipp für die nächste Präsentation dieser Gruppe ...
1		
2		
3		
4		
5		

Lernergebnisse sichern

Schauen Sie noch einmal auf Ihre Gruppenarbeit zurück und füllen Sie gemeinsam das nachfolgende **Gruppenjournal** aus:

Datum	Unser Thema	
Gruppenmitglieder		
Folgende Punkte sind (nach Möglichkeit) zu bearbeiten (1) Unser Ziel (2) Wie wir vorgegangen sind (3) Informationsquellen, die wir genutzt haben (4) Probleme, die bei der Arbeit auftraten (5) Was wir unternommen haben, um die Probleme zu lösen (6) Für die nächste Gruppenarbeit nehmen wir uns vor ...		

Sie waren an der Planung, Durchführung und Bewertung einer Präsentation beteiligt. Wo sehen Sie rückblickend Ihre Stärken und was wollen Sie besser machen, wenn Sie das nächste Mal vor eine derartige Aufgabe gestellt werden?

Präsentation	Meine Stärken:	Was ich beim nächsten Mal besser machen möchte:
Planen		
Durchführen		

Präsentation	Meine Stärken:	Was ich beim nächsten Mal besser machen möchte:
Bewerten	______	______
	______	______
	______	______
	______	______

Übung 2.1: Grundsätze einer professionellen Präsentation

a) Entscheiden Sie, ob die folgenden Aussagen richtig oder falsch sind.

Nr.	Aussage	richtig/falsch
1	Bei einer Präsentation gilt es, viel Inhalt „herüberzubringen". Schnelles Sprechen hilft dabei.	______
2	Karteikarten oder Mindmaps helfen frei vorzutragen, ohne den roten Faden zu verlieren.	______
3	Eine Präsentation ist eine ernste Sache. Witzige Bemerkungen sollte man sich daher sparen.	______
4	Beim Einsatz von Medien sollte man den Blickkontakt zu den Zuhörern halten.	______
5	Eine gute Präsentation verdient einen guten Abschluss. Sich für die Aufmerksamkeit zu bedanken, gehört dazu.	______
6	Damit man nichts vergisst, sollte man seinen Vortrag vorlesen.	______
7	Zu Beginn der Präsentation sollte man versuchen, Blickkontakt zum Publikum und speziell zu einer sympathischen Person aufzunehmen.	______
8	Eine Präsentation muss beeindrucken. Deshalb sollte sie stets technisch sehr aufwendig gestaltet werden.	______
9	Um klarzumachen, dass man auch wirklich Ahnung hat, sollten schwierige Fachbegriffe in keiner Präsentation fehlen.	______
10	Sprechpausen helfen den Zuhörern beim Hören und dem Redner beim (Vor-)Denken	______

b) Korrigieren Sie die falschen Aussagen.

Nr.	Korrigierte Aussage
___	______
___	______
___	______
___	______
___	______

Übung 2.2: Bedürfnisse, Güter und das ökonomische Prinzip

I. Bedürfnisse

Der Schriftsteller und Philosoph Wilhelm Busch (1832–1908) sagte einmal:
„Ein jeder Wunsch, wenn er erfüllt, kriegt augenblicklich Junge."

Erklären Sie dieses Zitat mit Ihren Worten.

____

____

____

II. Die Einteilung von Gütern

a) Setzen Sie in die Lücken des folgenden Textes eine der folgenden Güterarten ein.

Rechte, Gebrauchsgüter, wirtschaftliche, Produktionsgüter, Sachgüter, freie, Dienstleistungen, Konsumgüter, Verbrauchsgüter

Luft und Wasser wurden früher oft als ____________ Güter betrachtet, da sie keinen Preis haben und scheinbar unbegrenzt zur Verfügung standen. Heute sind sie ebenso wie Kohle, Stahl oder Öl ____________ Güter, da sie eben nicht in unbegrenzten Mengen gebraucht oder verbraucht werden können, sondern vielmehr knapp sind.

Die wirtschaftlichen Güter kann man nach ihrer **Beschaffenheit** einteilen:
____________ sind materielle Güter, das heißt, man kann sie anfassen und lagern (z. B. Bücher, MP3-Player, Nahrungsmittel, Autos). Dagegen bezeichnet man ____________ (z. B. Arztbehandlung, Steuerberatung) und ____________ als „immaterielle Güter", da man sie weder anfassen noch lagern kann.

Alle Güter können außerdem danach unterteilt werden, wozu sie **verwendet** werden:
So werden z. B. Nahrungsmittel vom Endverbraucher verwendet. Diese Güter nennt man ____________. Auf der anderen Seite werden Güter wie z. B. eine Produktionsmaschine, ein Lkw oder eine Ladenkasse zur Produktion eines Sachgutes oder einer Dienstleistung verwendet. Man nennt diese Güter daher ____________.

Schließlich unterteilt man Güter danach, **wie oft** oder wie lange ein Gut **genutzt** werden kann:
Möbel und Kleidung für den Haushalt oder auch die Ladeneinrichtung eines Einzelhändlers können mehrfach genutzt werden. Sie bezeichnet man daher als ____________. Als ____________ bezeichnet man die Güter, die nur ein einziges Mal genutzt werden können, z. B. zur Befriedigung eines Bedürfnisses (Nahrungsmittel, Zigaretten usw.) oder zur Produktion (Preisetiketten bei der Einzelpreisauszeichnung, Kassenbons).

b) Ordnen Sie die folgenden Güter mit den jeweiligen Zahlen in das Schema:

1) Haarschnitt beim Frisör	4) Transport von 10 Tonnen Bananen
2) Kasse eines Warenhauses	5) Kleister im Malerbetrieb
3) Spielzeugeisenbahn	6) Schokoriegel

	Konsumgut	Produktionsgut
Verbrauchsgut	______	______
Gebrauchsgut	______	______
Dienstleistung	______	______

III. Das ökonomische Prinzip

a) Stellen Sie in den unten genannten Fällen fest, ob sich die handelnden Personen

1	nach dem Minimalprinzip
2	nach dem Maximalprinzip
3	weder nach dem Minimalprinzip noch nach dem Maximalprinzip richten.

Dem Abteilungsleiter eines Warenhauses steht ein bestimmter Betrag für eine Sonderverkaufsaktion zur Verfügung. Er führt einen Angebotsvergleich durch, um möglichst viel Ware bestellen zu können.	___
Ein Auszubildender erhält den Auftrag, den Warenbestand an Hundefutter zu erfassen. Durch überlegtes Vorgehen versucht er, diesen Auftrag möglichst schnell auszuführen.	___
Ein Lebensmitteleinzelhändler will mit einem möglichst geringen Wareneinsatz (Geldmitteln) einen höchstmöglichen Gewinn erzielen.	___

b) Erläutern Sie
- das Maximalprinzip,
- das Minimalprinzip.

____

____

____

____

____

____

____

Übung 2.3: Volkswirtschaftliche Arbeitsteilung

Damit Sie z. B. eine Portion Pommes frites verzehren können, müssen unterschiedliche Wirtschaftssektoren Leistungen erbringen.

Vervollständigen Sie die nachstehende Übersicht in der ersten Spalte und erläutern Sie die jeweiligen Leistungen.

Wirtschaftssektor	Leistungen (Beispiel: Pommes frites)
primärer Sektor/Urerzeugung, z. B. ein landwirtschaftlicher Betrieb	
______________ Handwerksbetriebe/Industrieunternehmen	
tertiärer Sektor ______________ und Dienstleistungen	

Übung 2.4: Der Wirtschaftskreislauf

Der einfache Wirtschaftskreislauf stellt die wesentlichen Zusammenhänge in einer Volkswirtschaft in groben Zügen und übersichtlich dar.

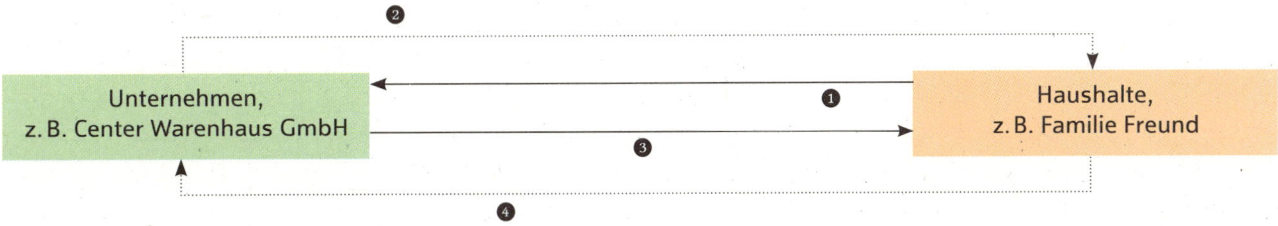

→ Güterströme ⋯→ Geldströme

Ordnen Sie den jeweiligen Strömen die treffende Bezeichnung und ein passendes Beispiel zu:

Strom	Bezeichnung	Beispiel
1	*Produktivgüter*	*Sabine Freund stellt dem Warenhaus ihre Arbeitskraft zur Verfügung.*

Übung 2.5: Betriebsformen im Einzelhandel

Jede Betriebsform, die im Wettbewerb bestehen kann, hat ihre besonderen Vorzüge.

a) Beschreiben Sie in der Tabelle auf der nächsten Seite mit einem Satz die jeweilige Betriebsform des stationären Handels möglichst treffend. Erklären Sie dann einen zentralen Vorteil der jeweiligen Betriebsform.

b) Erläutern Sie das Grundprinzip des Online-Handels. Recherchieren Sie im Internet zur Entwicklung des Online-Handels in den letzten Jahren.

Tipp: Nutzen Sie Ihr Lehrbuch.

Betriebsform	Beschreibung	Zentraler Vorteil
Fachgeschäft		
Spezialgeschäft	*Es ist die Steigerung des Fachgeschäftes in Bezug auf die Tiefe des Sortiments und das Expertenwissen der Verkäufer, sodass man hier auch ganz besondere Artikel erhalten kann.*	*Das Spezialgeschäft ist für den Kenner und Liebhaber in einem Artikelbereich genau das Richtige. Hier kann er oder sie ausgefallene Varianten und natürlich auch immer das Neuste erhalten.*
Warenhaus		
Discounter		
Supermarkt		
Verbrauchermarkt, SB-Center		
Fachmarkt		
Boutique		

Übung 2.6: Wie ist ein Einzelhandelsbetrieb organisiert?

a) Informieren Sie sich im Lehrbuch über die Organisation von Betrieben. Schauen Sie sich parallel dazu die Aufbauorganisation der Center Warenhaus GmbH auf der nächsten Seite an.

Nun ist es Ihnen möglich, die Lücken (______) im folgenden Text auszufüllen.

Teil 1

Das ist Nicole Wiedemann. Zu ihren Aufgaben im Center Warenhaus gehört u. a. das Auswerten von Lieferantenangeboten in den Warengruppen „Schuhe" und „Lederwaren". Sie prüft dabei die Liefer- und Zahlungsbedingungen, die Qualität und natürlich die Preise der einzelnen Lieferanten. Der gesamte Aufgabenbereich eines Mitarbeiters/einer Mitarbeiterin wird als ________________ bezeichnet. Nicoles ________________ wurde mit denen von Hanne Bauer, Eva Bielstein, Renate Öztürk und Klaus Berger zu der ____________________ „Einkauf" zusammengefasst. Die ____________________leiterin ist Hanne Bauer. Neben der Einkaufsabteilung gibt es im Center Warenhaus noch die Abteilungen ________________ (Unterabteilungen ____________________ und ____________________), ____________________ (Leiter: Oliver Lehnert) und ________________.
Die Abteilungen wurden nach ihren Hauptaufgaben (Funktionen) gegliedert. Eine solche Gliederung bezeichnet man als Aufbauorganisation nach dem ________________________. Wären die Abteilungen nach Warengruppen gegliedert, würde man vom ______________________ sprechen.

Teil 2

Nicole ist sauer. Ständig kommt Herr Berger und erteilt ihr irgendwelche Weisungen. Außerdem kritisiert er sie laufend. Eines Tages weist sie ihn zurecht: „Du hast mir gar nichts zu befehlen. Schau doch mal auf das ______________________ unseres Warenhauses. Dann siehst du nämlich sofort, wer hier wem gegenüber weisungsbefugt ist. Im Organigramm wird die ______________________________ unseres Unternehmens deutlich, und wie du siehst, ist die Stelle der Abteilungsleiterin „Einkauf" die ________________, die mir Weisungen erteilen kann. Und solltest du irgendwelche Beschwerden über mich haben, so halte dich doch bitte in Zukunft an den ______________________ und wende dich an Frau Bauer!"

Organigramm der Center Warenhaus GmbH

Assistent der GL	Geschäftsleitung	Umweltbeauftragter
Sven Braun	Kerstin Sommer, Thomas Becker	Hermann Hohn

Einkauf Hanne Bauer Aln	Lager Gerd Rubens Al	Verkauf/Marketing Oliver Lehnert Al			Verwaltung Claudia Ahlemann Aln
Textil, Sport Hanne Bauer **Schuhe, Lederwaren** Nicole Wiedemann Sn **Schreibwaren, Bücher, Spielwaren, Uhren, Schmuck** Eva Bilstein Sn **Lebensmittel** Renate Öztürk Sn **Haushaltswaren, Elektro** Klaus Berger S	**Zentrallager** Peter Baldus S – Warenannahme – Auszeichnung **Fuhrpark** Holger Hübner S	**Textil/Sport** Elena Gutowski Sn – HK – DOB – KiKo – Wäsche – Sport – Gardinen **Schuhe, Lederwaren** Helga Kowski Sn **Dekoration** Vera Hausberg	**Parfümerie** Yvonne Berg Sn **Elektro** Helmut Winkler S – Weiße Ware – Braune Ware – Lampen – Zubehör **Lebensmittel** Peter Pade S – Non-Food – Getränkemarkt – Spirituosen – Fleisch, Käse – Obst, Gemüse – Konserven – Tiefkühlkost **Reklamation** Otto Schaaf	**Schreibwaren, Bücher** Anna Monberg Sn **Haushaltswaren** Claudia Rosen Sn **Spielwaren** Edith Mauser Sn **Uhren, Schmuck** Edith Schiefen Sn **Hausdetektiv** Helmut Meyer	**Personal** Maria Meys Sn **Rechnungswesen** Werner Schmick S – Kassenabrechnung – Finanzbuchhaltung – Rechnungsprüfung – Kostenrechnung – Statistik **Organisation, Datenverarbeitung** Hartmut Groll S **Hausdienst** Dieter Nahnsen

Betriebsrat: sieben Mitglieder, Vorsitzender Herr Peter Pade, Stellvertreterin: Frau Helga Kowski
Jugendvertreter: Petra Jäger, Stellvertreter: Marc Cremer

Al = Abteilungsleitung | GL = Geschäftsleitung | S = Substitut
Aln = Abteilungsleiterin | HK = Herrenkonfektion | Sn = Substitutin
DOB = Damenoberbekleidung | KIKO = Kinderkonfektion

b) Erstellen Sie ein Organigramm Ihres Ausbildungsbetriebes auf einem gesonderten Blatt Papier.

c) Erläutern Sie den Nutzen eines Organigramms für die Mitarbeiter.

Lernsituation 3: Probleme in der Ausbildung auf der Grundlage von Gesetzen und Verordnungen lösen

Sabine Freund ist genervt. Schon zum zweiten Mal hat sie ihr Freund Jan, der bei der Buchhandlung Tauber OHG zum Buchhändler ausgebildet wird, versetzt. *„Stell dir vor, der muss jetzt schon den zweiten Abend in der Woche wegen Inventurarbeiten bis 22:00 Uhr arbeiten“*, erzählt Sabine ihrer Freundin Hera. *„Aber das verstößt doch gegen das Gesetz“*, erwidert Hera. *„Wieso, gibt es ein Gesetz, das es Jungen verbietet, ihre Freundin zu versetzen?“*, fragt Sabine.
Hera lacht. *„Nein, nein, aber es gibt Gesetze und Verordnungen zum Schutz der Auszubildenden und Arbeitnehmer!“* Sabine erwidert: *„Na ja, recht haben und recht bekommen sind ja zweierlei Dinge. Außerdem ist Jan ja noch in der Probezeit.“* Hera macht nun ein ernstes Gesicht: *„Das ist wirklich schwierig. Da können wir von Glück reden, dass unsere Ausbildung bisher so klasse abläuft. Kerstin ist übrigens auch ganz zufrieden bei Schlegel. Nur kürzlich sollte sie die Überwachung der Pfandflaschenmaschine übernehmen, die wohl Probleme machte. Dafür bekam sie aber nur eine fünfminütige Einweisung. Die hatte richtig Angst, sich an der Maschine zu verstümmeln.“* Sabine schüttelt nachdenklich den Kopf. *„Das kann doch wohl auch nicht richtig sein. Aber wie sollen wir ‚kleinen Azubis‘ denn klugerweise vorgehen, wenn es im Betrieb Probleme gibt? Was wir doch alle brauchen könnten, wäre so etwas wie ein ‚Notfallplan‘, in dem beschrieben ist, wie man bei Problemen im Ausbildungsbetrieb vorgeht. Das wäre doch mal eine gute Aufgabe für die Jugend- und Auszubildendenvertretung!“*

Beschreibung und Analyse der Situation

Beschreiben Sie die wesentlichen Probleme, die in dem Gespräch zwischen Sabine und Hera angesprochen werden. Ergänzen Sie dann Ihre persönlichen Erfahrungen mit Problemen in der Berufsausbildung.

____

____

____

____

____

____

Sammeln Sie Ihre Ergebnisse in der Gruppe. Einigen Sie sich, welche sechs Probleme aus Sicht Ihrer Gruppe die wichtigsten sind. Schreiben Sie diese auf **je eine Karte**.

1. ______________________________

2. ______________________________

3. ______________________________

4. ______________________________

5. ______________________________

6. ______________________________

Die Karten der einzelnen Gruppen werden in der Klasse gesammelt, geordnet und mit Überschriften versehen. Die so entstehende Übersicht ist die Grundlage für die weitere Arbeit.

Erläutern Sie,

a) welchen Nutzen der von Sabine angesprochene „Notfallplan“ für Auszubildende hätte

und

b) warum Sabine meint, dass die Jugend- und Auszubildendenvertretung dafür zuständig sei.

Planen

1) Arbeitsgleiche Gruppenarbeit:

Erstellen Sie einen „Notfallplan“ für Auszubildende, indem Sie eine sinnvolle Schrittfolge bei Problemen in der Berufsausbildung entwickeln. Die folgende Vorlage kann Ihnen dabei helfen – Sie können aber auch einen abweichenden Plan erstellen.

Stellen Sie anschließend die Pläne in der Klasse vor und diskutieren Sie sie.

Ausgangspunkt: Es gibt ein Problem in der Ausbildung, das für uns so schwerwiegend ist, dass wir es bearbeiten sollten. Wir möchten uns nämlich nicht dauerhaft belasten, indem wir es einfach nur „aushalten“. Andererseits möchten wir das Betriebsklima nicht unnötig stören.

Beispiel für ein solches Problem: ______________________________

Schrittfolge: Was wir konkret machen	Welche Informationen für uns dabei hilfreich sind	Welche Personen uns dabei helfen können

2) Arbeitsteilige Gruppenarbeit:

Einigen Sie sich in Ihrer Gruppe zunächst auf **eines** der folgenden Ziele:

a) Wir entwickeln ein Rollenspiel, in dem ein Gespräch über ein Problem in der Berufsausbildung dargestellt wird. Dazu erstellen wir Rollenkarten, die die Rollen des/der Auszubildenden und des/der Vorgesetzten beschreiben. Wenn möglich zeichnen wir das Gespräch mit einer Videokamera auf. Das Ganze dient der Vorbereitung auf den „Ernstfall“.

b) Wir erstellen einen Fragenkatalog für unseren zuständigen Ausbildungsberater. Der Katalog umfasst auch ein bis zwei Fälle, bei denen uns interessiert, wie der Ausbildungsberater vorgehen würde. Der Ausbildungsberater wird von uns mit einer formal einwandfreien Einladung in unsere Klasse eingeladen. Unseren Fragenkatalog legen wir der Einladung bei, damit der Ausbildungsberater sich vorbereiten kann.

c) Wir erstellen eine Übersicht zu wichtigen Gesetzen und Verordnungen, die den Schutz der Auszubildenden und Arbeitnehmer betreffen.

d) Unsere Zielsetzung, die wir selbst entwickelt und mit der Lehrkraft abgesprochen haben, lautet:

Durchführen und Bewerten

1. Setzen Sie Ihre jeweiligen Zielsetzungen um und präsentieren Sie Ihre Ergebnisse in der Klasse.

2. Bewerten Sie Ihre Zielerreichung.

Was wir von unserer Zielsetzung umgesetzt haben:

Was wir nicht geschafft haben:

Das wichtigste Feedback aus der Klasse:

Unsere Konsequenzen für die nächste Gruppenarbeit:

Lernergebnisse sichern

a) Erstellen Sie mindestens 10 Lernkarteikarten zu dem Thema: Gesetze und Verordnungen zum Schutz der Auszubildenden und Arbeitnehmer.

Vorderseite: Geschlossene Frage	Rückseite: Antwort

-----► An dieser Kante können Sie die Karten (nach dem Kopieren) ausschneiden und zusammenfalten

Übung 3.1: Mitbestimmung nach dem Betriebsverfassungsgesetz

Tragen Sie bitte die fehlenden Zahlen und Begriffe in das nachstehende Schaubild ein.

Mitbestimmung nach dem Betriebsverfassungsgesetz

________________ vertreten Interessen gegenüber … ________________

____

________________ (JAV) ↔ ________________ (BR)

In Betrieben mit …	In Betrieben mit …
oder	
Allgemeine Aufgabe	Allgemeine Aufgaben
Stimmrecht im BR, wenn …	Mitwirkungs- und Mitbestimmungsrechte vor allem in ________ und ________ Angelegenheiten, z. B.

Übung 3.2: Tarifparteien und -vertrag

a) Ordnen Sie die in der Mitte stehenden Forderungen mit Pfeilen der passenden Tarifpartei zu:

	Urlaubsvergütung kürzen	
←	Arbeitnehmereinkommen einfrieren auf dem bisherigen Stand	
	Übernahme von Auszubildenden für mindestens sechs Monate	
	zusätzliches Urlaubsgeld streichen	
	Erhöhung der Löhne, Gehälter und Ausbildungsvergütungen um 5,5 %	
	Vorziehen der vereinbarten Arbeitszeitverkürzung	
	Freistellung an Heiligabend und Silvester als Urlaub anrechnen	
	betriebliche Sonderregelungen erlauben	
	Verzicht auf betriebsbedingte Kündigungen während der nächsten 12 Monate	
	Urlaubstage bei längeren Krankheiten und Kuren abziehen	

b) Beschreiben und erläutern Sie die nachstehende Karikatur.

Übung 3.3: Sozialversicherung

I. Sozialversicherungen

Ordnen Sie die nachstehenden Aussagen den unterschiedlichen Sozialversicherungen zu. Tragen Sie die jeweils zutreffende Ziffer neben der Aussage ein.

1	Rentenversicherung
3	Krankenversicherung
5	Unfallversicherung

2	Arbeitslosenversicherung
4	Pflegeversicherung

Aussage		Lösung
a)	Kinderlose zwischen 23 und 64 Jahren zahlen einen höheren Beitrag.	______
b)	Die Arbeitnehmer zahlen die Hälfte des Beitrages und zusätzlich einen Sonderbeitrag.	______
c)	Den Beitrag zahlt der Arbeitgeber allein.	______
d)	Auch Hinterbliebene können Leistungen erhalten.	______
e)	Die Leistungen sind nach Stufen gestaffelt.	______
f)	Diese Sozialversicherung hat den höchsten Beitragssatz.	______
g)	Träger sind die Berufsgenossenschaften.	______
h)	Träger dieser Versicherung ist eine Bundesagentur mit Sitz in Nürnberg.	______
i)	Zu den Leistungen gehören Vorsorgeuntersuchungen.	______
j)	Ausbildung, Fortbildung und Umschulung werden gefördert.	______

II. Das Solidaritätsprinzip

Ein zentrales Prinzip, auf dem das System der Sozialversicherung in der Bundesrepublik Deutschland basiert, ist das Solidaritätsprinzip.

a) Erläutern Sie diese Aussage.

____

____

____

____

____

____

____

____

____

____

b) Solidarität ist eine Tugend, die im Familien- und Freundeskreis einen hohen Wert hat. Erläutern Sie, warum insbesondere junge Menschen dennoch häufig nur sehr ungern ihre Beiträge in die Sozialversicherung zahlen.

Übung 3.4: Mindmap zu den Zweigen der Sozialversicherung

Erstellen Sie eine Mindmap zu den Zweigen der Sozialversicherung. Die Hauptäste sind vorgegeben. Bitte erfassen Sie für die unterschiedlichen Zweige die Träger, wichtige Leistungen und den Beitragssatz. Natürlich können Sie auch weitere Aspekte aufnehmen. Beachten Sie die Regeln zur Erstellung von Mindmaps. Um mehr Platz zu haben, sollten Sie ein leeres quergelegtes Blatt nutzen:

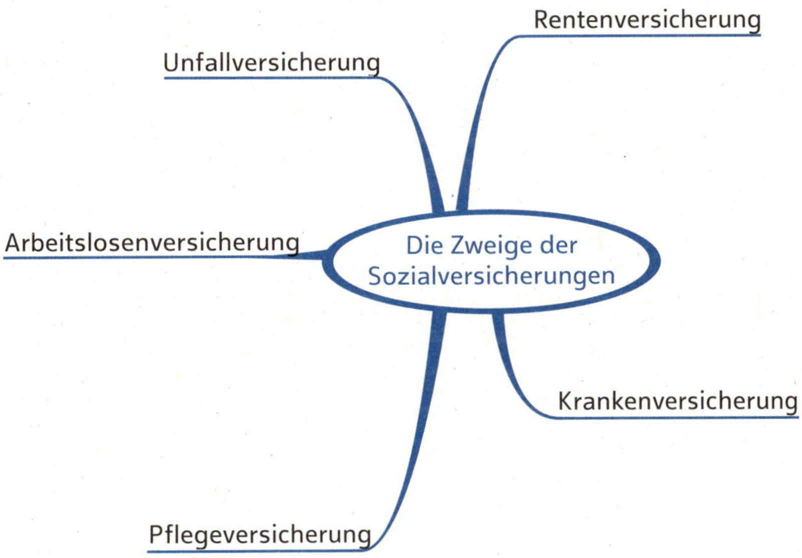

Übung 3.5: Private Vorsorge

I. Altersvorsorge

Welches **Problem** wird in der Karikatur links dargestellt?

Welche **„Botschaft“** steckt in der rechten Karikatur?

II. Vermögenswirksame Leistungen und Riester-Rente

Informieren Sie sich über die Sparformen „Vermögenswirksame Leistungen“ und die sogenannte „Riester-Rente“. Laden Sie dazu eine Expertin/einen Experten in die Berufsschule ein, der/die Sie über die Möglichkeiten der Vermögensbildung und der Alterssicherung informiert. Alternativ können Sie auch im Internet recherchieren. Schreiben Sie wesentliche Informationen in die folgende Übersicht.

Kurz und Knapp	
Vermögenswirksame Leistungen (VL)	Riester-Rente

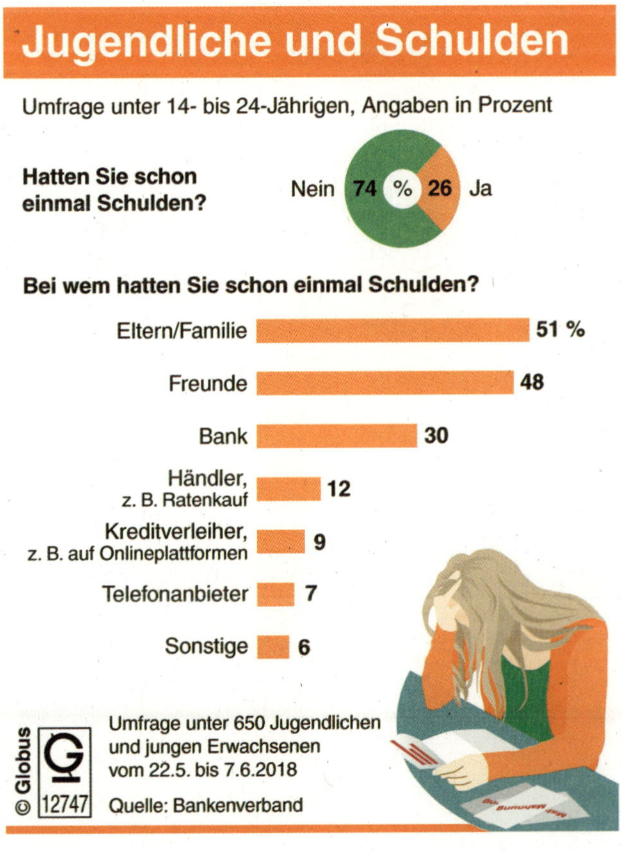

Um Schulden zu vermeiden empfiehlt sich Sparen!
Beschreiben Sie, wofür Sie sparen. Sollten Sie noch nicht sparen – wofür würden Sie sparen, wenn Sie mehr Geld hätten?

Prüfungsvorbereitung

1. Aufgabe

Welche Verhaltensweise ist nicht typisch für eine Teamarbeit?

1. Sie hören gut zu. ☐
2. Sie sind bereit, sich mit anderen auseinanderzusetzen. ☐
3. Sie sind bereit, Verantwortung für andere zu übernehmen. ☐
4. Sie fällen ohne Rücksprache Entscheidungen. ☐
5. Sie sind bereit, Kompromisse einzugehen, damit es zu einer Entscheidung kommt. ☐

2. Aufgabe

Eine Abteilung des Warenhauses, in dem Sie arbeiten, stellt ihre Verkaufsform von Vollbedienung auf Vorwahl um. Welche Voraussetzung sollte diese Abteilung erfüllen, um im Vorwahlsystem verkaufen zu können?

1. Der gesamte Warenaufbau sollte übersichtlich sein. ☐
2. An den Warenträgern wird auf zusätzliche Produktbeschreibungen verzichtet. ☐
3. Die Schaufenster sollten zweitäglich neu dekoriert werden. ☐
4. Die Kunden werden in dieser Abteilung sofort angesprochen. ☐

3. Aufgabe

Ein kaufmännischer Angestellter ist in einer Krankenkasse Pflichtmitglied. Er ist seit längerer Zeit erkrankt und bezieht daher Krankengeld. Wie ist der Bezug von Krankengeld geregelt?

1. Die Höhe des monatlich gewährten Krankengeldes entspricht einem Zwölftel des Jahresbruttogehalts des Arbeitnehmers. ☐
2. Krankengeld wird immer dann gewährt, wenn die Lohnfortzahlungspflicht des Arbeitgebers erloschen ist und die Erkrankung des Arbeitnehmers anhält. ☐
3. Die Höhe des Krankengeldes ist völlig unabhängig von der Höhe des Bruttogehaltes für jeden Pflichtversicherten gleich. ☐
4. Krankengeld wird ausschließlich dann gewährt, wenn der Pflichtversicherte bedürftig ist und keine Unterhaltsansprüche an Dritte hat. ☐
5. Krankengeld wird zeitlich unbegrenzt gewährt, falls der Arbeitnehmer ordnungsgemäß Arbeitsunfähigkeitsbescheinigungen vorlegt. ☐

4. Aufgabe

Wo können Sie als Auszubildende/-r nachlesen, ob die Ausbildungsvergütungen dem geltenden Mindestsatz entsprechen?

1. im Lohn- und Gehaltstarifvertrag ☐
2. im Berufsbildungsgesetz ☐
3. in der Ausbildungsordnung ☐
4. im Jugendarbeitsschutzgesetz ☐
5. im Manteltarifvertrag ☐

5. Aufgabe

Auf welche Weise muss im Betrieb über die Unfallverhütungsvorschriften durch den Arbeitgeber informiert werden?

1. durch EDV-gestützte Informationsübermittlung ☐
2. durch mündliche Information im Vorstellungsgespräch ☐
3. durch Aushang an geeigneter Stelle, z. B. am „Schwarzen Brett" ☐
4. durch schriftlichen Umlauf im Betrieb ☐
5. durch Anhang am Arbeitsvertrag ☐

6. Aufgabe

Die Geschäftsleitung macht eine Umfrage. Sie sucht Ideen zum Thema „Kosten senken durch Energie sparen – jedoch – ohne Gefahr von Umsatzverlusten." Welche Idee ist am besten geeignet?

1. Die Temperatur in den Verkaufsräumen sollte während der Ladenöffnungszeiten auf 15 °C gesenkt werden. ☐
2. Tiefkühlware sollte aus dem Lebensmittelsortiment genommen und die Kühltruhe entfernt werden. ☐
3. Die eigenen Lieferfahrzeuge sollten abgeschafft und dafür Waren zur Selbstabholung angeboten werden. ☐
4. Während der verkaufsschwächeren Zeiten können die Rolltreppen und Fahrstühle abgestellt und die Kunden auf die Treppen hingewiesen werden. ☐
5. Die Schaufensterbeleuchtung sollte zwischen 24:00 Uhr und 7:00 Uhr ausgeschaltet werden. ☐

7. Aufgabe

Beschreiben Sie die Betriebsform „Warenhaus" in Bezug auf die folgenden Merkmale:

a) Preisgestaltung: ______________________________

b) Verkaufsform: ______________________________

c) Sortiment: ______________________________

8. Aufgabe

Schlagen Sie drei Vorgehensweisen vor, wie Warenhäuser auf zurückgehende Marktanteile reagieren könnten.

____

____

____

____

____

____

____

____

____

9. Aufgabe

In einem Warenhaus finden Kunden die drei typischen Verkaufsformen vor. Beschreiben Sie diese in der nachstehenden Übersicht.

Verkaufsform	Beschreibung
______	______
______	______
______	______

10. Aufgabe

Prüfen Sie, in welchem Fall Herr Blum, Geschäftsführer eines Warenhauses, nach dem Minimalprinzip handelt.

1. Herr Blum richtet für seine Mitarbeiter den Pausenraum neu ein, um dadurch deren Motivation zu erhöhen. ☐
2. Herr Blum bestellt für sein Warensortiment 100 Deckenlampen beim preisgünstigsten Anbieter, den er durch einen Angebotsvergleich ermittelt. ☐
3. Herr Blum mietet einen zusätzlichen Lagerraum an, um die Abhängigkeit von Lieferern zu verringern. ☐
4. Herr Blum kauft für den bevorstehenden Winter mindestens 10 000 Liter Heizöl. ☐
5. Herr Blum stellt noch eine Verkäuferin ein, um den Absatz von Lampen in diesem Jahr steigern zu können. ☐

11. Aufgabe

In der Gesamtwirtschaft übernehmen Einzelhandelsbetriebe viele Funktionen. Welche Funktion wird u. a. von den Einzelhandelsbetrieben übernommen?

1. Einzelhandelsbetriebe bestimmen über das Produktionsverfahren von Herstellern. ☐
2. Laut Gesetz dürfen Einzelhandelsbetriebe Kundendienstleistungen nur in Absprache mit dem Hersteller erbringen. ☐
3. Einzelhandelsbetriebe organisieren und planen die Produktion von Gütern. ☐
4. Die Lenkung der Warenproduktion wird durch Einzelhandelsbetriebe indirekt beeinflusst. ☐
5. Einzelhandelsbetriebe verändern stets den Sortimentsaufbau ihrer Lieferer. ☐

12. Aufgabe

In welcher der unten aufgeführten Skizzen wird der einfache Wirtschaftskreislauf richtig dargestellt?

1.
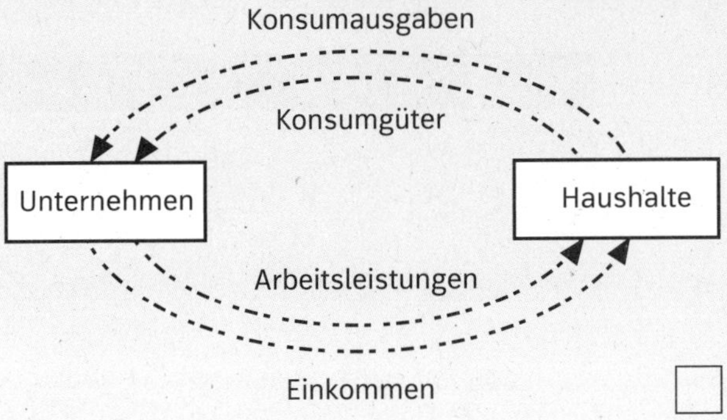

☐

3.
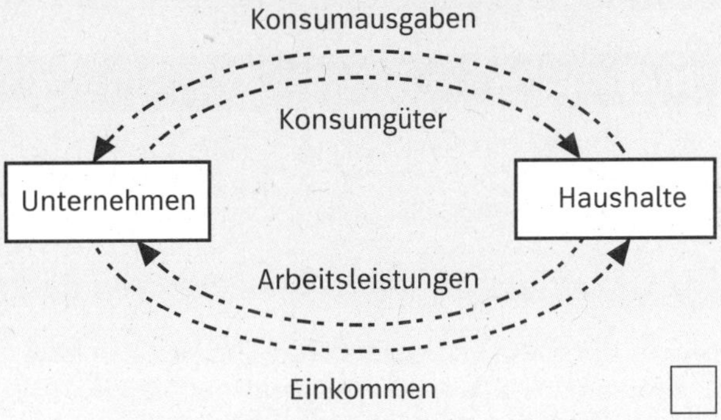

☐

2.
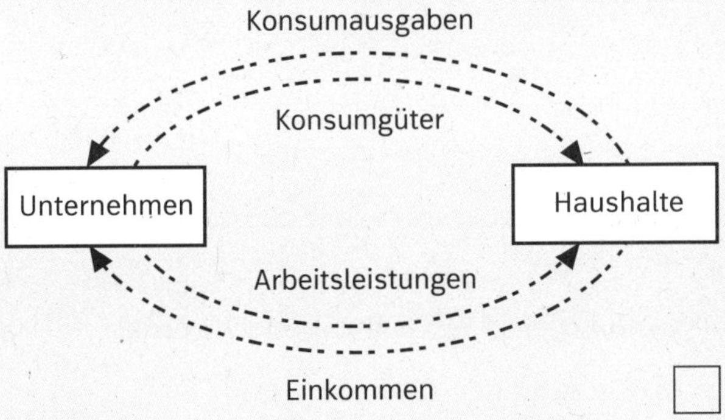

☐

4.
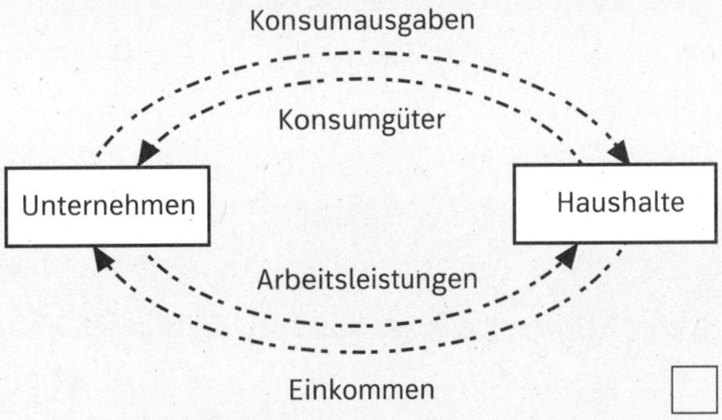

☐

13. Aufgabe

Verbraucherschutzgesetze schreiben bestimmte Maßnahmen vor. Welches ist ein Beispiel hierfür?

1. die Berichterstattungspflicht über Warenprüfungen in Testzeitschriften ☐
2. die allgemeine Informationspflicht der Einzelhandelsverbände ☐
3. die Preisfestlegung für Produkte der Produzenten ☐
4. die Aufklärungspflicht für private Verbraucherverbände ☐
5. die Preisauszeichnungspflicht für den Einzelhandel ☐

14. Aufgabe

In welcher Unternehmenszielsetzung kommt das erwerbswirtschaftliche Prinzip zum Ausdruck?

1. Der größtmögliche Gewinn soll erreicht werden. ☐
2. Es soll ein Beitrag zur Vollbeschäftigung angestrebt werden. ☐
3. Es wird eine möglichst umweltschonende Produktion angestrebt. ☐
4. Die Ausweitung der Marktanteile soll mit allen Mitteln erreicht werden. ☐
5. Der größtmögliche Umsatz wird angestrebt. ☐

15. Aufgabe

Ordnen Sie zu, indem Sie die Kennziffern von drei der insgesamt sieben Tätigkeiten in die Kästchen neben den Wirtschaftsbereichen eintragen.

Tätigkeiten	
1.	Die Rentenversicherung zahlt Rente.
2.	Ein Einzelhändler verkauft ein Armband.
3.	Eine Bank gewährt einem Einzelhändler Kredit.
4.	Ein Arzt verschreibt zahlreiche Medikamente.
5.	Ein Hotelier vermietet Zimmer.
6.	Ein Bäcker backt aus Mehl Brot und Brötchen.
7.	Ein Landwirt erntet Weizen.

Wirtschaftsbereiche	Lösung
Urproduktion	______
Verarbeitung	______
Verteilung	______

16. Aufgabe

Welches Argument spricht aus Sicht der Mitarbeiter für die Einrichtung eines Betriebsrates?

1. Die Interessen der Mitarbeiter gegenüber der Geschäftsleitung werden vom Betriebsrat vertreten. ☐
2. Der Betriebsrat muss vor Entscheidungen der Geschäftsleitung in jedem Fall angehört werden. ☐
3. Der Betriebsrat hat die alleinige Verantwortung für die Umsetzung des Tarifvertrages. ☐
4. Bei der Erteilung der Prokura muss der Betriebsrat zustimmen. ☐
5. Der Betriebsrat kann Betriebsvereinbarungen mit dem Einzelhandelsverband abschließen. ☐

17. Aufgabe

Ein Warenhaus beschäftigt 25 Auszubildende, für die eine Jugend- und Auszubildendenvertretung (JAV) eingerichtet wurde. Was fällt nicht in den Zuständigkeitsbereich der JAV eines Betriebes?

1. Die JAV kann eigene Sitzungen und Jugendversammlungen abhalten. ☐
2. Wenn es um die Belange der Jugendlichen im Betrieb geht, nimmt die JAV an den Betriebsratssitzungen teil und entscheidet mit. ☐
3. Sie kann Maßnahmen zur Verbesserung der Berufsausbildung beim Betriebsrat beantragen. ☐
4. Sie achtet darauf, dass geltende Gesetze für Jugendliche im Betrieb eingehalten werden. ☐
5. Sie kann über höhere Ausbildungsvergütungen mit der Unternehmensleitung verhandeln. ☐

18. Aufgabe

Über betriebliche Sonderzahlungen wurde in Ihrem Ausbildungsunternehmen eine Betriebsvereinbarung abgeschlossen. Sie sollen die Weiterleitung der Vereinbarung gemäß Betriebsverfassungsgesetz sicherstellen. Wie erfüllen Sie diesen Auftrag?

1. Sie geben nur den Mitgliedern der Geschäftsleitung und dem Betriebsrat je eine Ausfertigung, denn zwischen diesen Personen wurde verhandelt. ☐
2. Sie senden an den Einzelhandelsverband eine Ausfertigung, um ihm pflichtgemäß die Anhebung der Sozialleistung in Ihrem Hause zu bescheinigen. ☐
3. Sie hängen in Ihrem Ausbildungsunternehmen den Text der Vereinbarung an das „Schwarze Brett", damit sich alle Mitarbeiter informieren können. ☐

4. Die Mitarbeiter werden bemerken, wenn sich die Auszahlungssumme auf der Gehaltsabrechnung erhöht hat. Daher informieren Sie nur das Lohnbüro. ☐

5. Sie leiten an die Gewerkschaft eine Ausfertigung weiter, da diese über Sonderzahlungen informiert werden muss. ☐

19. Aufgabe

Die meisten Mitarbeiter eines Warenhauses sind pflichtversichert. Welche Leistung erbringt die Rentenversicherung für die Angestellten? Die Rentenversicherung ...

1. ... bezahlt Mutterschaftsgeld. ☐
2. ... bezahlt Maßnahmen zur Erhaltung der Arbeitsfähigkeit. ☐
3. ... bezahlt bei Vorsorgeuntersuchungen die Kosten. ☐
4. ... bezahlt bei Krankheit den Lohnausfall. ☐
5. ... bezahlt für erkrankte Familienangehörige Familienhilfe. ☐

20. Aufgabe

Ihr Ausbildungsunternehmen ist Mitglied in der gesetzlichen Unfallversicherung. Wer ist Träger dieser Versicherung?

1. die Berufsgenossenschaft ☐
2. die Deutsche Rentenversicherung Bund ☐
3. die Allgemeine Ortskrankenkasse ☐
4. die Bundesagentur für Arbeit ☐
5. die Betriebskrankenkasse ☐

21. Aufgabe

Auch in Ihrem Ausbildungsunternehmen fällt sehr viel Verpackungsmaterial an: Ordnen Sie zu, indem Sie die Kennziffern von drei der insgesamt sechs Handlungsmöglichkeiten in die Kästchen neben den Zielen aus der Verpackungsverordnung eintragen.

Handlungsmöglichkeiten	
1.	Anfallende Verpackungen werden einem Entsorgungssystem zugeführt und recycelt.
2.	Für Umweltprodukte wird eine spezielle Abteilung eingerichtet
3.	Es werden Papiertüten an der Kasse ausgelegt, damit sich die Kunden beliebig bedienen können.
4.	Die Ware wird in Leihverpackungen geliefert, die später an den Hersteller zurückgehen.
5.	Geschenkartikel werden auf Wunsch der Kunden in Folie verpackt.
6.	Sie kaufen bevorzugt von Herstellern Artikel, die auf Umverpackung verzichten.

Ziele aus der Verpackungsverordnung	Lösung
Vermeidung von Verpackung	______
Verwertung von Verpackung	______
Wiederverwendung von Verpackung	______

22. Aufgabe
Eine Abteilungsleiterin setzt verstärkt auf Teamarbeit. Welchen Vorteil verspricht sie sich davon?

Im Rahmen der Teamarbeit ...

1. ... wird die Arbeitsleistung im Team optimiert, da die Kompetenzen sofort klar verteilt sind. ☐
2. ... entstehen keine Konfliktsituationen. Daher kann der Zeitaufwand minimiert werden. ☐
3. ... kann die Innovation und Kreativität der Gruppenmitglieder nutzbar gemacht und gefördert werden. ☐
4. ... werden Entscheidungsprozesse und Entscheidungswege verkürzt. ☐
5. ... können besonders gut Minderheitenmeinungen berücksichtigt werden und in den Entscheidungsprozess einfließen. ☐

23. Aufgabe
Im Rahmen einer Teamsitzung sollen die Gruppenmitglieder ein Feedback (Rückmeldung) abgeben. Welche Regel sollte u. a. eingehalten werden?

1. Ein Feedback sollte stets zeitnah erfolgen und Kritik sollte sachlich geäußert werden. ☐
2. Ein Feedback sollte ausschließlich negative Punkte umfassen, da es dazu beitragen soll, diese in Zukunft zu vermeiden. ☐
3. Ein Feedback sollte Gruppenmitglieder beurteilen und bewerten. ☐
4. Ein Feedback sollte nur vom jeweiligen Gruppensprecher abgegeben werden. ☐
5. Ein Feedback sollte stets die Erwartung aller Gruppenmitglieder berücksichtigen. ☐

24. Aufgabe
In einer Arbeitsgruppe sollen Sie die Rolle des Moderators übernehmen. Entscheiden Sie, welche vier Aufgaben Sie in der Rolle u. a. haben.

1. Als Moderator geben Sie stets allein die Zielsetzung der Arbeit vor. ☐
2. Als Moderator sind Sie für eine der Zielsetzung angepasste Methodenwahl zuständig. ☐
3. Als Moderator sorgen Sie dafür, dass die vereinbarten Spielregeln eingehalten werden. ☐
4. Als Moderator sprechen Sie ohne Zögern auftretende Störungen des Arbeitsprozesses an. ☐
5. Als Moderator bringen Sie Ihre Meinung in die Diskussion ein. ☐
6. Als Moderator sorgen Sie für die Präsentation der Arbeitsergebnisse. ☐
7. Als Moderator beeinflussen Sie die Entscheidungsfindung durch eigene Lösungsvorschläge. ☐
8. Als Moderator ergreifen Sie für eine Gruppe Partei. ☐

LERNFELD 2

Verkaufsgespräche kundenorientiert führen

Lernsituation 1: Eine positive Beziehungsebene gestalten als Grundlage für ein erfolgreiches Verkaufsgespräch

Eine ältere Kundin betritt die Sportabteilung der Center Warenhaus GmbH auf der Suche nach einem bestimmten Retro-Basketballschuh von Adodis für ihren Enkel. Zielstrebig steuert sie die Verkäuferin an. Sabine Freund spricht gerade mit einem Kollegen, sodass es noch ein paar Minuten dauert, bis sie sich der Kundin zuwendet.

Sabine: (zum Kollegen gewendet) *„Hast du schon die neuen Shirts gesehen, die heute Morgen gekommen sind?“*

Kollege: *„Oh ja, die muss ich noch auszeichnen und ich soll noch alle bis heute Abend in die Regale geräumt haben!“*

Sabine: *„Na, da hast du noch einiges zu tun. Ich darf heute glücklicherweise den ganzen Tag hier an der Kasse stehen bleiben und viel ist echt nicht los, wie du siehst.“*

Kollege: *„Du hast es gut, ich geh' dann mal und fang mit meiner Arbeit an.“*

Sabine: (ironisch) *„Viel Spaß, bis später.“* (lacht noch weiter, während sie sich – kaugummikauend – der wartenden Kundin zuwendet)
„Guten Tag, kann ich helfen?“ (dabei schaut sie auf ihren Arbeitsplatz und räumt ein paar Stifte und Zettel zusammen)

Kundin: *„Ich suche einen bestimmten Sportschuh der Marke Adodis.“*

Sabine: (schaut auf, lächelt ironisch, überrascht) *„Welchen Schuh hätten Sie denn gern?“*

Kundin: *„Der Name steht hier auf dem Zettel.“* (zeigt Sabine das Geschriebene)

Sabine: *„Wenn Sie hier an den Trainingsanzügen vorbeigehen, bei den Fitnessgeräten links herum, finden Sie die Schuhe im Regal bei den Retro-Schuhen.“* (guckt abwechselnd auf die Kundin und ihren Arbeitsplatz)

Kundin: (schaut sich etwas unsicher um) *„Ja danke, auf Wiedersehen.“*

Sabine: (schon einer neuen Arbeit zugewendet) *„Bitte, bitte kein Problem, dafür sind wir ja da.“*

Beschreibung und Analyse der Situation

Beschreiben Sie, wie sich die Kundin während dieses Gesprächs fühlen könnte.

____

____

____

____

____

____

Erläutern Sie, wie sich Sabine fühlt und was sie über die Kundin denken wird.

____

____

____

Untersuchen Sie Sabines Aussagen auf der Inhaltsebene und auf der Beziehungsebene. Stellen Sie Merkmale für die Beziehungsebene heraus.

Beispiel:
„Guten Tag, kann ich Ihnen helfen?“ (dabei schaut sie auf den Arbeitsplatz und räumt ein paar Stifte und Zettel zusammen)

Inhaltsebene	Beziehungsebene
Sabine bietet ihre Hilfe an.	Durch die späte Zuwendung zur Kundin, den fehlenden Blickkontakt und die Nebenbeschäftigung signalisiert Sabine ihr mangelndes Interesse an der Kundin und an einer positiven Beziehung zu ihr.

Beispiel:
(schaut auf, lächelt ironisch, überrascht) *„Welchen Schuh hätten Sie denn gern?“*

Inhaltsebene	Beziehungsebene

Beispiel:
„Wenn Sie hier an den Trainingsanzügen vorbeigehen, bei den Fitnessgeräten links herum, finden Sie die Schuhe im Regal bei den Retro-Schuhen.“ (guckt abwechselnd auf die Kundin und ihren Arbeitsplatz)

Inhaltsebene	Beziehungsebene

Beispiel:
(schon einer neuen Arbeit zugewendet) *„Bitte, bitte kein Problem, dafür sind wir ja da.“*

Inhaltsebene	Beziehungsebene

Planen und durchführen

Unterbreiten Sie Verbesserungsvorschläge für Sabines Verhalten. Schreiben Sie dazu die in Klammern geschriebenen „Regieanweisungen“ um.

Erproben Sie Ihre Verbesserungsvorschläge in Rollenspielen. Halten Sie Ihre Beobachtungen bei den Rollenspielen stichwortartig fest.

Bewerten

Geben Sie den Rollenspielern ein konstruktives Feedback. Berücksichtigen Sie hierbei die folgenden Feedbackregeln.

Feedbackregeln

- Ich-Botschaften formulieren
- konkret bleiben
- beschreiben statt werten
- kurze Aussagen machen (statt ausschweifend)
- Beispiel: Ich habe gesehen/gehört ... das wirkt auf mich ...

Stellen Sie die gelungenen Aspekte besonders heraus. Halten Sie wichtige Ergebnisse des Feedbacks schriftlich fest. Damit Sie die Einhaltung der Feedbackregeln üben, sollten Sie sich an die vorgegebene Form halten.

Ich habe gesehen/wahrgenommen,	... das wirkt auf mich ...
dass der Verkäufer beim Eintreten des Kunden Blickkontakt mit ihm hergestellt hat ...	... als habe der Verkäufer Interesse am Kunden.

Lernergebnisse sichern

Halten Sie schriftlich und möglichst genau fest, was Sie bei der Bearbeitung der Lernsituation gelernt haben. Halten Sie auch Ihre offenen Fragen fest.

Übung 1.1: Grundlagen der Kommunikation – die vier Seiten einer Nachricht

a) Ordnen Sie die Inhalte der Kundenaussage „Ich suche einen guten Verkäufer!" der entsprechenden Seite der empfangenen Nachricht zu. Verbinden Sie dazu mit Strichen die links abgebildeten Ebenen der Botschaft mit den rechts abgebildeten Kundenaussagen.

„Ich suche einen guten Verkäufer!"

Sachinhalt Worüber wird informiert?	Der Kunde hat Bedenken, ob ich als Auszubildender in der Lage bin, ihn gut zu beraten.
Appell Wozu wird informiert?	Der Kunde will, dass ich endlich einen guten Verkäufer für ihn finde.
Beziehung Wie stehen die Gesprächspartner zueinander?	Der Kunde hat keine Lust, ein Verkaufsgespräch mit einem „inkompetenten" Verkäufer zu führen.
Selbstoffenbarung Was sagt der Sender über sich selbst aus?	Der Kunde ist auf der Suche nach einem kompetenten Verkäufer.

b) Üben Sie die Interpretation von Aussagen anhand der folgenden Beispiele. Bedenken Sie dabei, dass es nicht nur eine richtige Lösung gibt. Je nach Situation sind durchaus unterschiedliche Bedeutungen der einzelnen Aspekte möglich. Auch kann es sein, dass es nicht in jedem Fall sinnvoll ist, alle vier Aspekte zu benennen.

Beispiele	Sachinhalt	Beziehung	Selbstoffenbarung	Appell
Der Abteilungsleiter sagt zu Mehmet: *„Die Kunden haben den Aktionstisch ganz schön durcheinandergebracht."*	Der Aktionstisch ist unaufgeräumt.			
Kollegin zu Sabine: *„Der Ordner ist dort, wo er hingehört."*			Weil ich ordentlich bin, weiß ich, wo etwas steht.	
Mehmet wird nach der Pause von seinem Abteilungsleiter empfangen: *„Gut, dass du wieder da bist, wir wussten nicht mehr, wo uns der Kopf steht."*		Ich bin froh, dass du wieder da bist.		
Eine Kundin sagt zu Sabine: *„Haben Sie denn noch mehr Laufschuhmodelle?"*				

Übung 1.2: Körpersprache und ihre Wirkung

a) Führen Sie Beispiele zur Körpersprache auf und beschreiben Sie, wie der Verkäufer diese einsetzen kann, um eine positive Wirkung im Umgang mit dem Kunden zu erzielen.

Bereiche der Körpersprache	Positive Wirkung im Umgang mit Kunden
Blickkontakt	

b) Interpretieren Sie in eigenen Worten die Körpersprache der abgebildeten Verkäuferinnen.

c) Benennen Sie die in der untenstehenden Grafik abgebildeten drei Distanzzonen und begründen Sie, welche der Zonen für das Verkaufsgespräch in der Regel ideal ist.

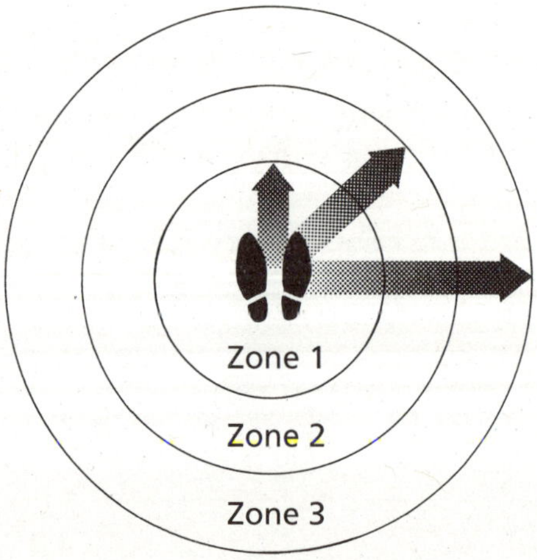

Zone 1:

Zone 2:

Zone 3:

Die ideale Zone für das Verkaufsgespräch ist:

Übung 1.3: Nonverbale Elemente im Verkaufsgespräch deuten

Deuten Sie die Körpersprache in den folgend dargestellten Situationen aus dem Verkaufsalltag des Center Warenhauses.

Situation		Deutung
	Als eine Kundin die Haushaltswarenabteilung der Center Warenhaus GmbH betritt, erblickt sie Manuela, eine Auszubildende in dieser Abteilung.	
	Als Sabine ihrem Kunden eine Trainingsjacke zeigt, geht dieser einen Schritt zurück.	
	Ganz anders verhält sich der Kunde bei Sabines zweitem Versuch.	
	Sabine während eines Kassiervorgangs mit einem Kunden, den sie zuvor beraten hat.	
	Nach einem intensiven Verkaufsgespräch händigt Sabine ihrer Kundin den gekauften Artikel aus.	

Übung 1.4: Gesprächsförderer und Gesprächsblocker

Mehmet trifft in seiner Abteilung auf den Stammkunden Herrn Frank.

Gespräch 1

Mehmet:	*„Guten Tag Herr Frank, wie geht es denn?"*
Herr Frank:	*„Gut geht's. Am Samstag war ich beim FC, war echt ein klasse Spiel."*
Mehmet:	*„Ins Stadion gehe ich schon lange nicht mehr. Was soll ich auch da?"*
Herr Frank:	*„Wir waren im C-Block, das Stadion war ausverkauft und die Stimmung einfach super!"*
Mehmet:	*„Ich schleppe schon seit Wochen eine Erkältung mit mir herum. Ich bin froh, wenn ich überhaupt mal ab und zu rauskomme."*
Herr Frank:	*„Und die anschließende Party mit den Jungs in der Keksdose war auch nicht schlecht!" …*
Mehmet:	*„Hhmm …"*

Gespräch 2

Mehmet:	*„Hallo Herr Frank, lange nicht gesehen – wie geht's?"*
Herr Frank:	*„Gut geht's – ich war im Urlaub und am Samstag war ich beim FC – echt ein klasse Spiel!"*
Mehmet:	*„Oh, der FC, da würde ich auch gern mal wieder hinfahren. Dieses Jahr läuft's bei denen ja mal wieder ganz gut. Die Stimmung war bestimmt nicht schlecht?"*
Herr Frank:	*„Sagenhaft!! Wir saßen im ausverkauften Stadion mitten im Block C."*
Mehmet:	*„Ja, eine gute Stimmung im Stadion ist ja schon die halbe Miete. Haben Sie denn anschließend noch eine wenig gefeiert?"*
Herr Frank:	*„Klar, in der Keksdose – ist ein bisschen später geworden."*
Mehmet:	*„Keksdose? … Keksdose? – Habe ich schon mal gehört. Da gibt es doch die super Longdrinks."*
Herr Frank:	*„Und ob! Wir haben unheimlich gefeiert – und das fast bis zum Ende. Ich kann Ihnen sagen …"*

a) Vergleichen Sie die beiden Gespräche. Welches Gespräch verläuft aus Ihrer Sicht besser? Begründen Sie kurz Ihre Meinung.

____

____

____

____

____

____

b) Listen Sie mögliche Gesprächsförderer und Gesprächsblocker auf, die Mehmet in den beiden Gesprächen verwendet.

Gesprächsförderer	Gesprächsblocker

Gesprächsförderer	Gesprächsblocker

Lernsituation 2: Sich aktiv Warenwissen aneignen

Mehmet Aydin hat zu Beginn des Monats seine Ausbildung zum Kaufmann im Einzelhandel begonnen. Er arbeitet in einem großen Elektrofachmarkt.
Abendessen bei der Familie Aydin. Fati, Mehmets älterer Bruder, berichtet von seinem letzten Einkaufserlebnis im Einkaufszentrum Rheinpark in Köln: *„Da war ich neulich in diesem Laden für Autobedarf und wollte mir ein neues Autoradio mit allem Drum und Dran kaufen. Ich hatte auch direkt einen total netten und freundlichen Verkäufer bei mir, von dem ich mich gerne beraten lassen wollte. Nur leider stellte sich heraus, dass der wirklich nur einen ganz blassen Schimmer von den Radios hatte. Bei fast jeder Nachfrage kamen nur heiße Luft und ein ratloses Schulterzucken. Und so was nennt sich dann Fachgeschäft. Da kann ich doch direkt die Sachen billiger im Internet kaufen." „Wenn alle so denken wie du, bin ich bald arbeitslos"*, entgegnet Mehmet verärgert. Gleichzeitig fragt er sich: *„Sind meine Kenntnisse der Ware eigentlich aus Sicht der Kunden ausreichend?"*

Beschreibung und Analyse der Situation

Tauschen Sie sich mit Ihrer Sitznachbarin/Ihrem Sitznachbarn über die Bedeutung des Warenwissens aus und notieren Sie Ihre Gedanken.

____

____

____

____

____

____

Benennen Sie betriebliche Entscheidungen und Fragestellungen, bei denen es wichtig ist, über ein solides Warenwissen zu verfügen.

____

____

____

____

Planen

Sie sollen einen Kurzvortrag über einen Artikel Ihrer Wahl halten. Sie arbeiten zunächst allein und dann in der Gruppe. Nutzen Sie dabei Ihr Wissen für erfolgreiche Gruppenarbeit.

Schritt 1: Gruppenbildung, Zielvereinbarung
Suchen Sie sich in der Klasse Mitschüler, die im gleichen Warenbereich wie Sie ausgebildet werden. Sollte das nicht möglich sein, ordnen Sie sich einer Gruppe zu, die einen Ihnen bekannten Artikel beschreibt. Einigen Sie sich in der Gruppe auf einen Artikel, über den Sie einen Vortrag halten wollen.

Gruppenmitglieder:	______________________
Gewählter Artikel:	______________________

Schritt 2: Quellen zum Warenwissen suchen und Arbeitsorganisation vereinbaren
Suchen und benennen Sie in Ihrer Gruppe Quellen, anhand derer Sie sich Warenkenntnisse aneignen können.

Wer bringt welches Informationsmaterial mit in die Arbeit ein?

Schritt 3: (Unterrichtsstunde nach der Materialrecherche) Informationsaustausch
Tauschen Sie sich in Ihrer Arbeitsgruppe über die Ergebnisse Ihrer Materialrecherche aus. Informieren Sie sich bei den anderen Gruppenmitgliedern.

Schritt 4: Einzel-Map
Die Gruppe trennt sich kurz und jeder sammelt seine Gedanken in einer eigenen Mindmap.

Einzel-Map

Schritt 5: Map-Ausstellung
Sehen Sie sich – ohne zu kritisieren – die Mindmaps Ihrer Gruppenmitglieder an. Tauschen Sie dazu die Arbeitshefte aus.

Schritt 6: Gruppen-Map zur Vorbereitung der Präsentation
Erstellen Sie in Ihrer Gruppe eine zweite Mindmap, in dieser werden die Ideen Ihrer Einzel-Maps geordnet und zusammengefasst. Diese Mindmap nutzen Sie auch für Ihre Präsentation, sodass es günstig ist, sie auch auf einem großen Blatt Papier abzubilden oder mit einer geeigneten Software zu erstellen. Halten Sie die zweite Mindmap aber in jedem Fall auf der nächsten Seite des Arbeitsheftes fest.

Vorlage zur Sicherung der Gruppen-Mindmaps:

Gruppen-Mindmap

Durchführen und Bewerten

Schritt 7: Präsentation und Rückmeldung
Präsentieren Sie Ihre Gruppen-Mindmaps vor der Klasse.

Alternativ können Sie sich für das folgende Vorgehen entscheiden:
Bilden Sie zur Präsentation Ihrer Ergebnisse neue Gruppen. Diese sollten so zusammengesetzt werden, dass sich vier bis fünf Gruppenmitglieder aus den zuvor gebildeten unterschiedlichen Arbeitsgruppen zu einer neuen Gruppe zusammenfinden. Halten Sie nun der Reihe nach Ihre Vorträge. Geben Sie sich nach jedem Vortrag eine kurze Rückmeldung, der folgende Rückmeldungsbogen kann Ihnen dabei eine Hilfe sein.

Leitfragen	Bewertung in Schulnoten				
	1	2	3	4	5
War der Vortrag hinsichtlich der Warenkenntnisse umfassend und informativ?					
Hat sich der Ablauf bewährt?					
Wie war die Güte der einzelnen Phasen?					
– Einstieg					
– Hauptteil					
– Schluss					
Wie sicher hat die/der Vortragende gewirkt?					

Schritt 8: Reflexion in der ursprünglichen Arbeitsgruppe
Gehen Sie in Ihre ursprünglichen Arbeitsgruppen zurück und reflektieren Sie Ihre Ergebnisse sowie Ihren Arbeitsprozess. Tun Sie dies zunächst individuell und tauschen Sie sich anschließend in Ihrer Gruppe aus.

Merkmale der Gruppenarbeit	Bewertung in Schulnoten				
	1	2	3	4	5
Wir waren uns darüber im Klaren, was wir erreichen wollten.					
Wir hörten aufmerksam zu, wenn andere sprachen.					
Alle brachten sich mit Gewinn in die Gruppenarbeit ein.					
Die Gruppe wurde nicht durch ein Mitglied oder mehrere Mitglieder dominiert.					
Mit der Qualität unseres Arbeitsergebnisses sind wir zufrieden.					

Lernergebnisse sichern

Halten Sie Ergänzungen zu Ihrer Artikelpräsentation fest, die sich im Verlaufe der Lernsituation (z. B. durch Rückmeldungen nach Ihrer Präsentation) ergeben haben.

____

____

____

Vervollständigen Sie die beiden folgenden Zielsätze und tauschen Sie sich darüber in Ihrer Arbeitsgruppe aus.

Bei meiner nächsten Präsentation werde ich ______________________________

____

Bei der nächsten Gruppenarbeit ______________________________

Übung 2.1: Warenkennzeichnung

Wofür steht welche Kennzeichnung? Lesen Sie die Erläuterungen und ordnen Sie diese zu.

A ___ Hinweis auf der Verpackung, dass sich der Hersteller am Dualen System beteiligt

B ___ Umweltzeichen oder Blauer Engel für Produkte und Dienstleistungen, die einen Beitrag zum Umweltschutz leisten

C ___ Informationszeichen für Lebensmittel, die aus fairem Handel stammen

D ___ Transport- und Lagezeichen – gibt einen Hinweis darauf, wo oben und unten ist

E ___ Bedienungs- und Pflegezeichen, hilft bei Handhabung und Pflege der Ware

F ___ kennzeichnet Produkte aus dem kontrollierten ökologischen Anbau – staatliches Bio-Siegel".

G ___ zeigt an, dass der Artikel alle relevanten EU-Richtlinien erfüllt

H ___ Bescheinigt einem verwendungsfertigen Produkt, den Anforderungen des deutschen Produktsicherheitsgesetzes zu entsprechen; die Zertifizierung erfolgt durch eine zugelassenen Prüfstelle wie bspw. TÜV SÜD.

I ___ eine fünfstufige, farbige Nährwertkennzeichnung mit den Buchstaben von „A" in grün (günstige Nährwerte) bis „E" in rot (ungünstige Nährwerte). Damit kann auf einen Blick die Nährstoffzusammensetzung eines Lebensmittels bereits beim Einkauf beurteilt werden.

J ___ Dieses Zeichen dient der Unterscheidung der Artikel eines Herstellers von denen eines anderen Herstellers

K ___ macht auf Gefahren bei der Lagerung und im Gebrauch von Artikeln aufmerksam

L ___ Zeichen für Artikel, die von der Stiftung Warentest geprüft wurden

Übung 2.2: In einem Warensteckbrief den Kundennutzen herausarbeiten

Erstellen Sie zu einem Artikel Ihrer Wahl einen Warensteckbrief nach folgendem Muster. Ordnen Sie dabei jedem genannten Warenmerkmal einen entsprechenden Kundennutzen zu.

Warensteckbrief		**erstellt von:**	__________
Hersteller:	__________	Ausbilder/-in: __________ vorgelegt am: __________	__________ Unterschrift Ausbilder/-in
Artikelbezeichnung:	__________		

Merkmale	Kundennutzen

Lernsituation 3: Den Bedarf des Kunden ermitteln

In der Inliner-Ecke der Sportabteilung hört Sabine, bevor sie in die Kaffeepause geht, den Beginn des nachfolgenden Verkaufsgespräches. Ein Kunde betritt die Abteilung, Sabines Kollegin stellt Blickkontakt zum Kunden her und geht auf ihn zu.

Verkäuferin: *„Guten Tag. Kann ich Ihnen weiterhelfen?"*

Kunde: *„Hm ... Ich suche ein Paar vernünftige Inlineskates."*

Verkäuferin: *„Wie viel wollen Sie denn anlegen?"*

Kunde: (Kunde wirkt ratlos) *„Das weiß ich noch nicht so genau, aber nicht mehr als nötig."*

Verkäuferin: *„Das ist kein Problem! Wir haben auch in den unteren Preislagen ein gutes Angebot. Wollen Sie denn Schalenschuhe oder Soft-Boots?"*

Kunde: *„Das weiß ich nicht. Worin besteht denn der Unterschied?"* (Kunde wirkt ratlos.)

Verkäuferin: *„Das ist ganz einfach; ich zeige Ihnen das mal an diesen beiden Modellen.* (Nimmt zwei Inlineskates aus dem Regal und beginnt, diese zu erklären.)

Als Sabine 20 Minuten später aus der Kaffeepause zurückkommt, liegen zahlreiche Inlineskates im Verkaufsraum. Sie bekommt gerade noch das Ende des Verkaufsgespräches mit.

Kunde: *„Vielen Dank für die umfangreichen Informationen. Die muss ich jetzt erst einmal verarbeiten. Auf Wiedersehen!"*

Beschreibung und Analyse der Situation

Beurteilen Sie die Kontaktaufnahme der Verkäuferin.

Bewerten Sie die Fragen der Verkäuferin bei der Bedarfsermittlung und erarbeiten Sie mögliche Konsequenzen, die sich aus diesen Fragen ergeben.

Planen und Durchführen

Sammeln Sie in Partnerarbeit
a) Alternativen, wie Sie die Kontaktaufnahme zum Kunden im vorliegenden Fall gestalten,
b) sinnvolle Fragen zur Bedarfsermittlung, die Sie dem Kunden stellen könnten.

a) ______

b) ______

Bewerten

Gehen Sie mit einem anderen Paar zusammen und erproben Sie über Kreuz in einem Rollenspiel Ihre Fragen. (Bilden Sie dazu zwei neue Paare.) Notieren Sie sich nach dem Rollenspiel die Fragen, die Sie tatsächlich gestellt haben, sowie die Antworten, die Sie erhalten haben.

Fragen an den Kunden/die Kundin	Antworten der Kundin/des Kunden
1)	
2)	
3)	
4)	
5)	

Reflektieren Sie in Einzelarbeit mithilfe der vorgegebenen Skalen die Qualität Ihrer Fragen. Tauschen Sie sich anschließend mit Ihrer Mitschülerin/Ihrem Mitschüler aus und entwickeln Sie gemeinsam Verbesserungsvorschläge, wie Sie mit Fragen umgehen, die Ihnen nicht weitergeholfen haben.

Diese Fragen haben mir geholfen, den Kundenbedarf kennenzulernen:

1	2	3	4	5	6

Diese Fragen haben mir nicht oder nur sehr wenig geholfen, den Kundenbedarf zu ermitteln:

1	2	3	4	5	6

Verbesserungsvorschläge:

Lernergebnisse sichern

Formulieren Sie drei Merksätze, die Sie in Zukunft im Rahmen einer Bedarfsermittlung beachten wollen.

Übung 3.1: Kundenansprache über die Ware

Kunden können auch über die Ware angesprochen werden. Formulieren Sie eine geeignete Kundenansprache in wörtlicher Rede.

Übung 3.2: Kundenansprache bei verschiedenen Verkaufsformen

Benennen Sie die entsprechende Verkaufsform und formulieren Sie eine geeignete Kundenansprache in wörtlicher Rede.

Vorauswahl	Bedienungs-/Aushändigungskauf	________________
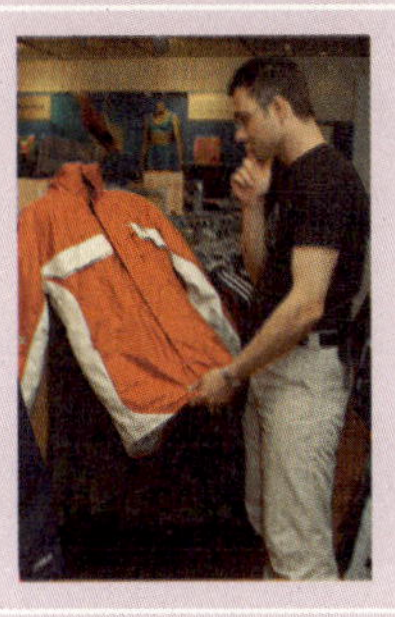		
________________	________________	________________

Übung 3.3: Kundenansprüche erkennen

a) Tragen Sie die vermuteten Kundenansprüche in die Liste neben den Kundenaussagen ein.

„Der Pullover soll gut zu meiner Designerjacke passen."	________________
„Gibt diese Farbe schädliche Dämpfe ab?"	________________
„Die Bohrmaschine muss vor allem praktisch in der Handhabung sein."	________________
„Und dieser Kühlschrank hat tatsächlich eine Abtauautomatik?"	________________
„Ich bevorzuge Lebensmittel aus der Region."	________________
„Der Fernseher muss nicht unbedingt ein Vermögen kosten."	________________
„… ganz besonders wichtig ist mir, dass sich meine Kinder daran nicht verletzen."	________________
„Der neue Esstisch soll sich gut in mein Wohnzimmer einfügen."	________________
„Der neue Trockner sollte deutlich weniger Strom verbrauchen als mein bisheriges Gerät."	________________
„Ich mag keine Geräte, bei denen ich erst stundenlang die Bedienungsanleitung studieren muss."	________________
„Wichtig ist, dass ich mit den neuen Sportschuhen einen guten Halt habe."	________________

b) Ordnen Sie den Kundenäußerungen die entsprechenden Kundenansprüche zu.

Bequemlichkeit	*„Ich dachte an ein Paar Schuhe, die gut zu meinem neuen Anzug aussehen."*
Sicherheit	*„Guten Tag, in Ihrem Schaufenster haben Sie Stiefel im Angebot, die würde ich gerne mal anprobieren."*
Gebrauchswert	*„Dieser Schuh hat wirklich eine hervorragende Lederqualität."*
Umweltverträglichkeit	*„Die hohen Absätze sind mir einfach zu gefährlich, damit knicke ich zu schnell um."*
Preiswürdigkeit	*„Wichtig ist, dass sich die Schuhe leicht an- und ausziehen lassen."*
Geltungswert	*„Wichtig ist mir, dass die Schuhe aus heimischer Herstellung sind und mit lösungsmittelfreien Klebern verarbeitet wurden."*

Übung 3.4: Was sind die richtigen Vertrauensauslöser?

Finden Sie zu den aufgeführten Kundenäußerungen angemessene Vertrauensauslöser, mit denen Sie in ein Verkaufsgespräch einsteigen können.

Kundin (ältere Dame):
„Für meine 14-jährige Enkelin suche ich als Geburtstagsgeschenk einen Kopfhörer."

Verkäufer: ______________________________

____

Mann (mittleren Alters)
„Für eine Geschäftsreise benötige ich einen neuen Koffer."

Verkäufer: ______________________________

____

Frau (jugendliches Aussehen)
„Für meine Tochter brauche ich eine neue Winterjacke."

Verkäufer: ______________________________

____

Mann (älterer Herr)
„Für einen Freund suche ich einen guten Rotwein."

Verkäufer: ______________________________

____

Frau (mittleren Alters)
„Hallo, ich möchte mich einmal über ein Tablet informieren, das leicht zu bedienen ist."

Verkäufer: ______________________________

____

Übung 3.5: Mit geeigneten Fragen zum Erfolg

Finden Sie in Einzelarbeit geeignete Fragen zur Bedarfsermittlung und vergleichen Sie Ihre Lösungen mit denen Ihrer Sitznachbarin/Ihres Sitznachbarn.

a) Eine Kundin interessiert sich für eine Espressomaschine.

____

b) Ein älterer Herr sucht einen guten Wein für seine Gäste.

____

c) Eine junge Frau sucht eine farbige Sonnenschutzjalousie.

____

d) Ein Kunde benötigt eine neue Krawatte.

____

e) Ein Kunde sucht Hallensportschuhe.

____

f) Ein Kunde interessiert sich für einen Rasenmäher.

____

g) Weil ihre alten Wanderschuhe verschlissen sind, möchte eine Kundin neue kaufen.

____

h) Ein junger Mann sucht ein neues Fahrrad.

____

i) Ein Kunde interessiert sich für eine Säge.

____

Übung 3.6: Grundsätze der Warenvorlage

Erstellen Sie eine Mindmap zu den Grundsätzen der Warenvorlage.

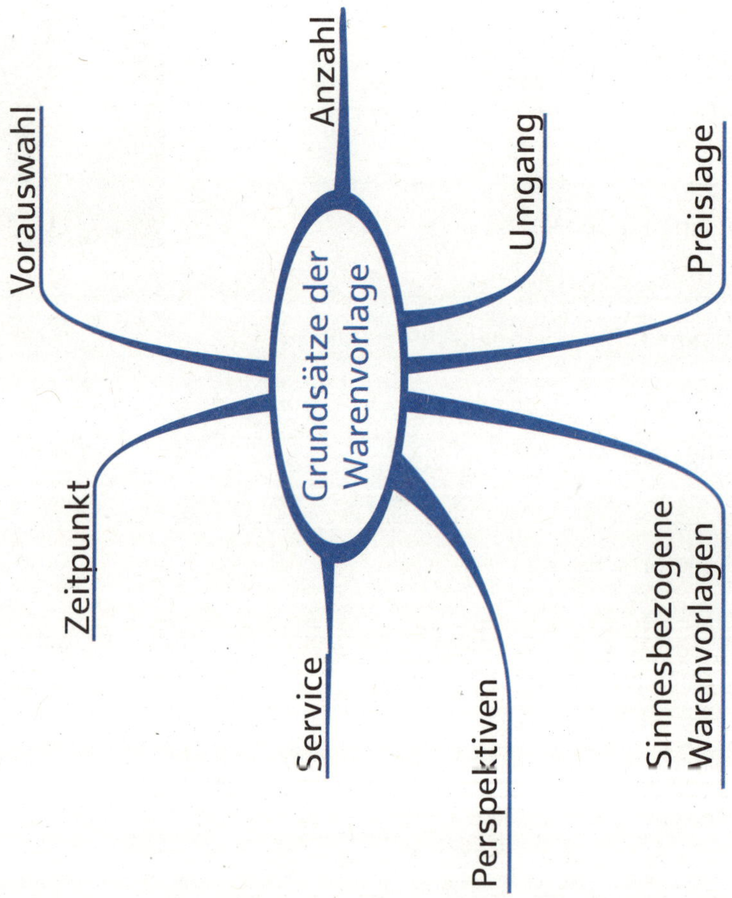

Übung 3.7: Welche Preislage lege ich dem Kunden vor?

Mehmet arbeitet heute in der Fernsehabteilung und befindet sich in einem Beratungsgespräch mit einem gut gekleideten Herrn um die 40. Durch die Bedarfsermittlung hat er von ihm erfahren, dass er sich bereits seit geraumer Zeit mit dem Gedanken trägt, einen neuen Fernseher zu kaufen. Nachdem das alte Gerät unerwartet einen größeren Defekt aufweist, sieht sich der Kunde zum Handeln veranlasst. Sein vorhandener Fernseher ist mehrere Jahre alt und er lässt durchblicken, dass er ihn in der nächsten Zeit durch ein 65 Zoll Gerät ersetzen möchte. Er wartet nur noch die Renovierung seines Wohnzimmers ab. Mehmet hat bereits mehrere Fernseher im Kopf, die für den Kunden infrage kämen – nur ist er sich unschlüssig, mit welchem er die Warenvorlagen beginnen soll.

Noch allzu gut sind ihm die Worte des Verkaufstrainers aus der letzten betriebsinternen Verkaufsschulung im Ohr: *„Haben Sie den Mut und beginnen Sie bei der Warenvorlage auch einmal mit Artikeln der gehobenen Preislage!"*

Dennoch ist Mehmet unschlüssig.

a) Sammeln Sie Pro- und Kontra-Argumente für bzw. gegen die Aussage des Verkaufstrainers.

b) Wie würden Sie im konkreten Fall vorgehen? Begründen Sie Ihre Entscheidung.

PRO	KONTRA

Lernsituation 4: Kundenorientiert argumentieren

Mehmet bedient eine Kundin, die ein neues Bügeleisen sucht.

Kundin: *„Wissen Sie, meine Freundin hat so einen modernen Dampfbügelautomaten. So ein Gerät würde mich auch interessieren."*

Mehmet: *„Da kann ich Ihnen ein ganz neues Modell empfehlen: Sie können damit unter Dampf sowohl senkrecht als auch waagerecht, oder ohne die Dampffunktion auch trocken bügeln."*

Kundin: *„Hm, ist es denn auch leicht zu bedienen?"*

Mehmet: *„Aber ja, sehen Sie hier, das Gerät verfügt über einen Ein-/Ausschalter mit Kontrollleuchte für das Bügeleisen sowie für den Heizkessel und einen Temperaturregler nebst Temperatur-Kontrollleuchte."*

Kundin: *„So viele Schalter und Kontrolllampen – Wo kommt denn das Wasser in das Bügeleisen?"*

Mehmet: *„Hier"* (zeigt auf einen Verschluss am Heizkessel), *„den Sicherheitsverschluss abschrauben, Wasser mit einem Härtegrad von 2 dH einfüllen, maximal 0,9 Liter, wieder verschließen und in Betrieb nehmen."*

Kundin: *„Aha, aber ich glaube, das ist doch alles etwas kompliziert für mich. Besser, ich überlege mir das mit dem Bügelautomaten noch mal."*

Mehmet: *„Wenn Sie meinen."*

Kundin: (Erleichtert) *„Ja, bestimmt. Auf Wiedersehen!"*

Mehmet: *„Auf Wiedersehen; einen schönen Tag noch."*

Mehmet schaut der Kundin nachdenklich hinterher: *„Da hab' ich doch kürzlich gelernt, dass gute Warenkenntnisse das A und O im Verkaufsgespräch sind ..."*

Beschreibung und Analyse der Situation

Analysieren Sie, aus welchen Gründen das dargestellte Verkaufsgespräch scheitert.

Planen

Sammeln Sie in Partnerarbeit Vorschläge, wie das Verkaufsgespräch erfolgreicher hätte verlaufen können. Dokumentieren Sie Ihre Überlegungen nicht nur im Arbeitsheft, sondern auch auf einem Plakat/Karteikarten oder einem Tablet/Rechner, damit Ihre Überlegungen in der Folge im Plenum besprochen werden können.

Nachdem Sie diese Überlegungen in der Klasse besprochen haben, bilden Sie bitte Vierergruppen. Bereiten Sie sich auf ein Rollenspiel vor, indem Sie die beiden nachfolgenden Arbeitsaufträge in Ihrer Gruppe bearbeiten. (Falls ein Bügeleisen für Sie als Artikel nicht infrage kommt, nehmen Sie bitte einen Artikel Ihrer Wahl.)

a) Entwickeln Sie Verkaufsargumente, bei denen der Kundennutzen hervorgehoben und/oder ein Erlebnisbezug hergestellt wird. Nutzen Sie dazu die folgenden Tabelle:

Artikel:		
Warenmerkmal	**Kundennutzen**	**Erlebnisbezug**
Dampffunktion		

b) Sammeln Sie Kriterien für eine gelungene Angebotsphase und übernehmen Sie diese in den Beobachtungsbogen.

Kriterien/ Beobachtungsmerkmale	Beurteilungsskala Das Beobachtungsmerkmal wurde erfüllt ... voll und ganz					gar nicht	Beobachtung/Kommentar
	①	②	③	④	⑤	⑥	
	①	②	③	④	⑤	⑥	
	①	②	③	④	⑤	⑥	
	①	②	③	④	⑤	⑥	
	①	②	③	④	⑤	⑥	

Durchführen

Setzen Sie Ihre geplanten und vorbereiteten Rollenspiele um. Dabei kommen Verkäufer und Kunden aus jeweils unterschiedlichen Gruppen. Der Rest der Klasse beobachtet das Rollenspiel.

Bewerten

a) Werten Sie jedes Rollenspiel zunächst in Einzelarbeit mithilfe des erstellten Beobachtungsbogens aus.
b) Tragen Sie Ihre Ergebnisse ins Plenum und werten Sie diese gemeinsam aus.

Lernergebnisse sichern

Halten Sie Ihre zentralen Erkenntnisse fest, die sich durch die Auswertung der Rollenspiele ergeben haben.

Übung 4.1: Argumentation

Brems-/Schalthebel (Dual-Control-Hebel) Hier wird wie üblich durch Ziehen am Hebel gebremst. Drücken des Hebels nach oben schaltet in den leichteren Gang. Drücken nach unten schaltet in den schwereren Gang.

vordere Federgabel mit Luftkammern, die mit einer speziellen Luftpumpe zur Anpassung an das Fahrergewicht befüllt werden (leichter Fahrer – niedriger Luftdruck, schwerer Fahrer – hoher Luftdruck)

Schnellverschlüsse ermöglichen eine zügige Anpassung der Sitzhöhe.

stabile, wartungsfreie und nicht rostende Felgen

leichter und sehr robuster Alurahmen

griffige Noppenreifen für jedes Gelände

Click-Pedale geben einen sicheren Halt und eine direkte Kraftübertragung.

Aktuell am meisten verbreitet sind die als „V-Brakes“ bezeichneten Felgenbremsen. Sie sind günstiger in der Wartung gegenüber den teureren Scheibenbremsen (Disc-Brakes).

Wählen Sie Warenmerkmale des abgebildeten Fahrrades aus und formulieren Sie den Kundennutzen sowie einen möglichen Erlebnisbezug.

1. Schritt Warenmerkmal	2. Schritt Kundennutzen	3. Schritt Erlebnisbezug
griffige Noppenreifen	Die Reifen geben sicheren Halt im Gelände.	Bei Ihrer nächsten Tour werden Sie merken, wie gut die Reifen auf nassem Boden greifen.

Übung 4.2: Techniken zur Preisargumentation anwenden

Preisnennungen sind vor allem im Bereich hochwertiger Konsumgüter immer eine schwierige Angelegenheit. Um einen sogenannten „Preisschock“ beim Kunden zu verhindern, stehen Ihnen als Verkäufer verschiedene **Techniken zur Preisdarstellung** zur Verfügung.

a) Entscheiden Sie in den nachfolgenden Fällen, welche Methode der Preisdarstellung sinnvoll erscheint.
b) Formulieren Sie Ihre Preisdarstellung in wörtlicher Rede.

Beispiel 1: Smartphone
A: 599,00 €: 64 GB Speicher
B: 699,00 €: 128 GB Speicher

a) ausgewählte Methode: ____________________

b) Preisdarstellung in wörtlicher Rede:

____

____

Beispiel 2: Wäschetrockner
Preis: 749,00 €
Nutzungsdauer: 15 Jahre

a) ausgewählte Methode: ____________________

b) Preisdarstellung in wörtlicher Rede:

____

____

Beispiel 3: Computerset
Computer: 700,00 €
Monitor: 190,00 €
Tastatur mit Maus: 20,00 €

a) ausgewählte Methode: ____________________

b) Preisdarstellung in wörtlicher Rede:

____

____

Übung 4.3: Kundeneinwände entkräften

Einwände kommen in nahezu jedem Verkaufsgespräch vor. Ob Sie diese Einwände nun als Chance und Bereicherung oder aber als eine kritische und schwierige Situation betrachten, hängt in den meisten Fällen von Ihrer persönlichen Sichtweise ab. Die nachfolgenden Arbeitsblätter sollen Sie deshalb dazu anleiten, über die verschiedenen Perspektiven von Kundeneinwänden nachzudenken, um daraus Strategien abzuleiten, die Sie dann in Ihrer beruflichen Praxis (und im privaten Umfeld) anwenden können.

- Sammeln Sie je fünf Einwände, die Sie im Verkaufsgespräch und in anderen Lebenssituationen gehört haben.

Einwände	
Einwände von Kunden im Verkaufsgespräch	**Einwände in anderen Lebenssituationen**
______	______
______	______
______	______
______	______
______	______

- Erläutern Sie in eigenen Worten, was Sie unter einem **„Einwand“** verstehen.

______

______

______

______

Beispiele für Kundeneinwände:

Inhaltsebene

1) *„Bei Ihnen muss man immer an der Kasse warten“*
2) *„Sie sind doch noch Azubi. Ich glaube, eine Fachverkäuferin könnte mich besser beraten.“*
3) *„Die Farbe des Hemdes ist ja scheußlich.“*
4) *„Dieser Kopfhörer taugt ja wohl nichts“*

Beziehungsebene

5) *„Der Fernseher ist ja nicht übel, nur die Form ... Er wirkt so klobig.“*
6) *„Die Tischtennisplatte ist aber teuer.“*
7) *„Können Sie nicht endlich mit dem Fachchinesisch aufhören?“*
8) *„Ich denke, dass dieser Schuh noch nicht das Richtige für mich ist.“*

- Die Kundeneinwände lassen sich nach verschiedenen Gruppen unterscheiden.

a) Ordnen Sie die oben aufgeführten Einwände diesen Gruppen zu.

b) Ergänzen Sie jede Gruppe mit wenigstens zwei eigenen Beispielen.

Einwände richten sich gegen:			
das Unternehmen	die Verkaufssituation bzw. das Verkaufspersonal	die Ware	
		allgemeine Einwände	spezielle Einwände

(Kunden-)Einwände können fast immer positiv aufgriffen werden, wodurch das (Verkaufs-)Gespräch dann in den meisten Fällen erfolgreich fortgeführt werden kann. Überlegen Sie (zunächst ohne ins Schulbuch zu schauen), mit welchen Verhaltensweisen und Gesprächsstrategien Sie dies erreichen können. Notieren Sie Ihre Gedanken in Stichworten.

- Gleichen Sie Ihre persönlichen Überlegungen nun mit den Darstellungen im Schulbuch ab und formulieren Sie wenigstens drei Merksätze, die Sie bei der Einwandbehandlung in Zukunft beachten.

1. ______________________________

____

2. ______________________________

____

3. ______________________________

____

- Ergänzen Sie die Kundeneinwände 7 bis 9 mit Beispielen aus Ihrer beruflichen und privaten Praxis und entkräften Sie anschließend diese Einwände unter Berücksichtigung Ihrer Merksätze.

Einwand	Entkräftung
1. ***„Dieses Handy ist aber umständlich zu bedienen."***	
2. ***„Ich sehe gerade, dass die Jacke gar keine Daunen hat."*** **(Jacke hat ein Wärmevlies.)**	
3. ***„Die Farbe des Hemdes gefällt mir überhaupt nicht."***	
4. ***„Die Tischtennisplatte ist aber teuer."*** **(einzige, die für außen geeignet ist)**	
5. ***„Der Fernseher ist ja nicht übel, nur die Form … er wirkt so breit."***	
6. ***„Das mit der Lieferung dauert aber ganz schön lange."***	
7.	
8.	
9.	

- Vergleichen Sie Ihre Lösungen mit Ihrer Sitznachbarin/Ihrem Sitznachnachbarn und verbessern Sie ggf. Ihre Einwandbehandlung.
- Informieren Sie sich über die speziellen Methoden zur Einwandbehandlung und erläutern Sie diese in der folgenden Tabelle.
- Finden Sie anschließend je ein Beispiel pro Methode und formulieren Sie dieses in wörtlicher Rede.

Methoden der Einwandbehandlung		
Methode	**Erläuterung**	**Beispiel**
Vorwegnahme-methode		
Nachfrage-methode		
Ja-aber-Methode		
Bumerang-methode		
Vergleichs-methode		

Übung 4.4: Alternativangebote unterbreiten

a) Suchen Sie fünf Artikel aus Ihrer Branche aus, die sich durch Artikel aus dem Sortiment Ihres Ausbildungsbetriebes ersetzen lassen.

?

b) Formulieren Sie in wörtlicher Rede, wie Sie Ihrer Kundin/Ihrem Kunden die folgenden Alternativangebote schmackhaft machen können.

Kundenwunsch	Alternative	Formulierung des Alternativangebotes
französischer Rotwein (gehaltvoller Geschmack – aber ausverkauft)	spanischer Rotwein	
Staubsauger von AEB (besonders gute Saugkraft – jedoch aus dem Sortiment genommen)	Phillops Staubsauger	
blaues Sakko (nicht in der gewünschten Größe vorrätig)	Sakko in den aktuellen Herbstfarben	
Leitz-Ordner (besonders stabil – nicht im Sortiment)	Büroordner der Hausmarke, die deutlich preiswerter sind	
Bohrmaschine von Hosch (Marke nicht im Sortiment)	Bohrmaschine von Hack & Becker	

Lernsituation 5: Ergänzungsangebote unterbreiten und Zusatzverkäufe tätigen

In der Sportabteilung des Center Warenhauses liegen die Quartals-Verkäuferauswertungen vor. Der Abteilungsleiterin, Frau Gutowski, sind bei der Auswertung dieser Zahlen erhebliche Unterschiede zwischen den einzelnen Verkäufern aufgefallen. So haben die folgenden Verkäuferinnen bei gleicher Arbeitszeit im Bereich der Sportmode die folgenden Umsätze erzielt:

Name	Verkaufte Stückzahl	Anzahl der Verkäufe	Umsatz/Verkäufer	Erzielte Spanne
Anna Lena Müller	715	564	43632,00 €	51,12 %
Christiane Weber	1169	573	47568,00 €	53,95 %
Petra Hertz	934	602	45162,00 €	52,12 %
...	...	...	...	...

Frau Gutowski setzt sich zur Besprechung der Zahlen mit dem Substitut Oliver Lehnert zusammen. Gemeinsam analysieren und besprechen sie die vorliegende Auswertung.

Beschreibung und Analyse der Situation

Bearbeiten Sie die folgenden Aufgaben in Partnerarbeit.

Analysieren Sie die vorliegenden Daten und erläutern Sie, wie sich die erheblichen Unterschiede bei den verkauften Stückzahlen erklären lassen.

Beschreiben Sie die betriebswirtschaftlichen Konsequenzen für das Center Warenhaus.

Beschreiben Sie mögliche persönliche Konsequenzen für Anna Lena Müller.

Planen und Durchführen

Bilden Sie Gruppen von etwa vier Personen.

Erläutern Sie Maßnahmen, mit denen Frau Gutowski versuchen könnte, die verkauften Stückzahlen pro Verkäufer/-in zu erhöhen.

Frau Gutowski und Herr Lehnert entschließen sich zu einer kleinen Schulungsmaßnahme für ihre Verkäuferinnen und Verkäufer. Dabei ist es ihnen ein besonderes Anliegen, ihren Mitarbeiterinnen und Mitarbeitern die Möglichkeiten für Zusatz- und Ergänzungsverkäufe bewusst zu machen.

Nehmen Sie drei mögliche Artikel aus unserem Sportsortiment und notieren Sie notwendige oder sinnvolle Ergänzungs- bzw. Zusatzangebote zu diesen Artikeln.
z. B.: **Skijacke** – Pflegemittel – Mütze – Schal – Handschuhe – passende Skihose

Frau Gutowski und Herr Lehnert möchten gemeinsam mit ihrem Verkaufspersonal eine Checkliste entwickeln. Diese soll nach der Schulung neben die Kasse gelegt werden, um alle Verkäuferinnen und Verkäufer an Zusatz- und Ergänzungskäufe zu erinnern und um ihnen das wirkungsvolle Anbieten von Ergänzungs- und Zusatzartikeln zu erleichtern.

Entwickeln Sie in Ihrer **Gruppe** eine solche Checkliste. Konzentrieren Sie sich dabei auf **fünf** zentrale Punkte.

Checkliste für Ergänzungs- und Zusatzverkäufe

1. __________

2. __________

3. __________

4. __________

5. __________

Bewerten

Übertragen Sie Ihre Checkliste auf ein Plakat oder einen Rechner und präsentieren Sie diese im Klassenraum.

Informieren Sie sich über die Checklisten der anderen Gruppen.

Lernergebnisse sichern

Formulieren Sie Anregungen für Ihren Ausbildungsbetrieb, um Ergänzungs- und Zusatzverkäufe zu stützen.

Übung 5.1: Ergänzungs- und Zusatzangebote geschickt formulieren

a) Finden Sie zu den folgenden Artikeln einen entsprechenden Ergänzungs- oder Zusatzartikel.
b) Benennen Sie, ob es sich dabei um ein Ergänzungsangebot (E) oder Zusatzangebot (Z) handelt.
c) Formulieren Sie in wörtlicher Rede, wie Sie den Kunden diese Ergänzungs- oder Zusatzangebote verkaufswirksam anbieten.

Hauptkauf	a) Ergänzungs- oder Zusatzartikel	b) E/Z	c) Angebot in wörtlicher Rede
Herrenschuh	Schuhcreme	Z	*„Wenn Sie die Schuhe regelmäßig mit dieser Creme pflegen, bleibt das Leder lange geschmeidig."*
Kaffeemaschine	____ ____	__	____ ____ ____
Tintenstrahldrucker	____ ____	__	____ ____ ____
Fahrrad	____ ____	__	____ ____ ____ ____
Rotwein	____ ____	__	____ ____ ____
Laptop	____ ____	__	____ ____ ____ ____
Schleifmaschine	____ ____	__	____ ____ ____
Füller	____ ____	__	____ ____ ____ ____

Übung 5.2: Kaufabschluss

Analysieren Sie in den nachfolgenden Situationen das Verkäuferverhalten und unterbreiten Sie gegebenenfalls Verbesserungsvorschläge.

	Mehmet berät eine Kundin intensiv über ein neues Handy. Die Kundin signalisiert zwar Kaufinteresse, kann sich aber letztlich nicht entscheiden, sodass sie sich verabschiedet. Kundin: *„ Vielen Dank für die gute Beratung, ich muss es mir nochmal überlegen."* Mehmet: *„Kein Problem, schlafen Sie noch einmal in Ruhe darüber. Auf Wiedersehen."*	**Analyse:** __________ __________ __________ __________ __________ **Verbesserungsvorschläge:** __________ __________ __________ __________ __________ __________ __________
	Sabine berät eine Kundin, die mit dem Inlineskaten beginnen möchte. Nach ausführlicher Beratung entschließt die Kundin sich zum Kauf. Sabine: *„Sie werden mit diesen Inlinern bestimmt viel Spaß haben, sie sind bequem und haben Rollen mit hochwertigen Kugellagern. Sie können gerne dort drüben an der Kasse bezahlen."*	**Analyse:** __________ __________ __________ __________ __________ __________ __________ __________ **Verbesserungsvorschläge:** __________ __________ __________ __________ __________ __________ __________

Prüfungsvorbereitung

1. Aufgabe

Kunden nehmen das Verkaufspersonal in seiner Gesamterscheinung wahr. Diese wird bestimmt durch das Zusammenspiel von Mimik, Gestik, Blick und Körperhaltung. Welcher Aussage ist in diesem Zusammenhang nicht zuzustimmen?

1. Verkäufer werden von Kunden nach äußeren Merkmalen beurteilt. Deshalb ist es wichtig, auf die nonverbale Kommunikation zu achten.
2. Fahrige und unruhige Hände betonen bei der Warenvorlage den besonderen Wert des Artikels.
3. Eine aufrechte und ungezwungene Haltung wirkt natürlich und entgegenkommend.
4. Unruhige, abschweifende Blicke vermitteln den Eindruck von Unsicherheit und Desinteresse gegenüber dem Kunden.
5. Die Mimik eines Verkäufers sollte konzentriert, lebendig und natürlich sein.

2. Aufgabe

Viele Kunden orientieren sich beim Kauf ihrer Artikel an bekannten Symbolen. Ordnen Sie zu, indem Sie die Kennziffern von drei der insgesamt sechs Begriffe in die Kästchen neben den Symbolen eintragen.

Begriffe

1. Gütezeichen
2. Sicherheitszeichen
3. Umweltzeichen
4. Pflegezeichen
5. Markenzeichen
6. Transport- und Lagerzeichen

Symbole

3. Aufgabe

Kennzeichnen Sie die unten stehenden Verkaufstätigkeiten mit einer
1, wenn sie der Kontaktphase,
2, wenn sie der Phase der Bedarfsermittlung,
3, wenn sie der Angebotsphase,
4, wenn sie der Abschlussphase
des Verkaufsgespräches zuzuordnen sind.

1. Der Verkäufer legt drei Artikel zur Auswahl vor.
2. Der Verkäufer begrüßt den Kunden mit einem freundlichen „Guten Tag".
3. Der Verkäufer erkundigt sich, wer das Produkt benutzt.
4. Der Verkäufer erklärt dem Kunden den Artikel.
5. Der Verkäufer gibt eine klare Verkaufsempfehlung.
6. Es wird kassiert und die Ware wird verpackt.

4. Aufgabe

Als Verkäufer beobachten Sie Ihre Kunden jederzeit ganz genau. Artikel, welche nicht die Zustimmung der Kunden finden, räumen Sie während des Beratungsgespräches gleich wieder weg. Welchen Vorteil hat dieses Vorgehen für den Verkäufer?

1. Der Verkäufer kann die Ware leichter für den Kunden aussuchen. Das fördert den Umsatz.
2. Die Auswahl entspricht den Wünschen des Verkäufers. Sie stellt eine Empfehlung an den Kunden dar.

3. Die Auswahl wird eingeengt. Der Verkäufer kommt dadurch leichter zum Kaufabschluss. ☐
4. Der Kunde kann sich die Ware noch einmal zeigen lassen. ☐
5. Der Verkäufer kann die Ware allein für den Kunden aussuchen. Dies erleichtert dem Kunden die Auswahl. ☐

5. Aufgabe

Während des Verkaufsgespräches erkennen Sie an den Äußerungen des Kunden, dass bei ihm das Geltungsbedürfnis im Vordergrund steht. Welche Argumentation ist hier die geschickteste?

1. Dieses Sakko ist sehr pflegeleicht. ☐
2. Mit dieser speziellen Faser perlt Wasser am Gewebe ab. ☐
3. Dieses Sakko ist in Schnitt und Farbe zeitlos. ☐
4. Das Sakko ist mit hochwertigen Materialien verarbeitet und wird nicht von jedem getragen. ☐
5. Dieses Sakko haben wir bereits oft verkauft. ☐

6. Aufgabe

Während eines Beratungsgespräches erkennen Sie, dass die Zustimmung des Kunden zum Kauf kurz bevorsteht. Woraus können Sie dies ableiten?

1. Der Kunde möchte sich noch einmal mit einem Bekannten beraten. ☐
2. Der Kunde legt die Ware nach ausführlicher Betrachtung wieder zurück ins Regal. ☐
3. Nach der Warenvorlage fragt der Kunde nach einer Alternative. ☐
4. Der Kunde beschäftigt sich intensiv mit der Ware und erkundigt sich nach Pflegehinweisen. ☐
5. Der Kunde möchte sich noch einmal anderweitig umsehen und später wiederkommen. ☐

Unternehmensbeschreibung

Sie sind Mitarbeiter/-in der Center Warenhaus GmbH

Name:	Center Warenhaus GmbH
Betriebsform:	Warenhaus mit Vollsortiment
Mitarbeiter:	160 Mitarbeiterinnen und Mitarbeiter, davon 18 Auszubildende

Situation zur 7.–17. Aufgabe: Ein Kunde steht in Ihrer Abteilung, hält einen Artikel in der Hand und sieht sich Hilfe suchend um. Bearbeiten Sie die folgenden Aufgaben mit Beispielen aus Ihrer Branche.

7. Aufgabe

Sprechen Sie den Kunden an, sodass sich in der Folge ein Verkaufsgespräch ergeben kann.

____

____

8. Aufgabe

Formulieren Sie zwei Fragen in wörtlicher Rede zur genauen Bedarfsermittlung.

____

____

____

9. Aufgabe
Worauf ist bei der Warenvorlage zu achten? Erläutern Sie Ihre Antwort mit vier Beispielen.

10. Aufgabe
Der Kunde zeigt ein verstärktes Interesse an dem vorgelegten Artikel. Formulieren Sie ein personenbezogenes Verkaufsargument in wörtlicher Rede.

11. Aufgabe
Während der Warenvorlage sagt der Kunde zu Ihnen: „Dieser Artikel ist aber teuer." Formulieren Sie eine verkaufsaktive Einwandentkräftung.

12. Aufgabe
Welche Einwände des Kunden sollten Sie nicht entkräften? Begründen Sie Ihre Antwort.

13. Aufgabe
Aufgrund Ihrer geschickten Gesprächsführung hat sich Ihr Kunde entschlossen, den Artikel zu kaufen. Bevor Sie den Kunden verabschieden, möchten Sie die Gelegenheit nutzen, um Ergänzungs-/Zusatzartikel anzubieten. Zeigen Sie zwei mögliche Beispiele auf.

14. Aufgabe
Nehmen Sie Stellung zu der Aussage: „Von Zusatz- und Ergänzungskäufen profitiert nur der Einzelhändler."

15. Aufgabe

Durch gutes Beobachten und intensives Zuhören können Sie Signale erkennen, die der Kunde aussendet, wenn er kurz vor der Kaufentscheidung steht. Nennen Sie zwei nonverbale Signale und zwei gesprochene Signale.

Nonverbale Signale durch Mimik, Gestik, Körpersprache:

Verbale Signale:

16. Aufgabe

Mithilfe welcher Abschlusstechnik können Sie dem Kunden helfen, sich endgültig zu entscheiden? Erläutern Sie ein Beispiel.

17. Aufgabe

Man sagt: „Der letzte Eindruck ist der bleibende Eindruck." Was können Sie dafür bei der Verabschiedung des Kunden tun? Zeigen Sie dies anhand von drei Beispielen.

18. Aufgabe

Eine Kundin kauft einen Fruchtsalat. In welchem Fall hat ein emotionales Kaufmotiv ihre Kaufentscheidung beeinflusst?

1. Sie kauft den Fruchtsalat, weil er wenig Fett enthält. ☐
2. Sie kauft den Fruchtsalat, weil sie die angebotene 400-g-Packung bevorzugt. ☐
3. Sie kauft den Fruchtsalat, weil ihr die Verpackung optisch sehr gut gefällt. ☐
4. Sie kauft den Fruchtsalat, weil er in 6er-Packungen verpackt und somit günstiger zu haben ist. ☐
5. Sie kauft den Fruchtsalat, weil sie gegenüber der eigenen Zubereitung Zeit spart. ☐

19. Aufgabe

Mit welcher Methode der Einwandbehandlung begegnet der Verkäufer einem Kundeneinwand, wenn er sagt: „Ja, da haben Sie recht, aber bedenken Sie die vielen Vorteile, die Ihnen dieser Artikel bietet."

1. Bumerang-Methode ☐
2. Ja-aber-Methode ☐
3. Vergleichsmethode ☐
4. Vorwegnahme-Methode ☐
5. Nachfragemethode ☐

20. Aufgabe

Während einer Verkaufsschulung erklärt Ihnen der Seminarleiter, dass Sie möglichst alle Optionen anbieten sollen, die das eigene Sortiment bietet. In welchem Fall unterbreiten Sie ein Alternativangebot?

1. Eine Kundin kauft eine braune Lederjacke. Sie bieten Ihr die dazu passende Handtasche an. ☐
2. Sie zeigen dem Kunden ausschließlich Bekleidungsstücke, die aus natürlichen Rohstoffen erzeugt wurden. ☐
3. Zu einer Krawatte bieten Sie einem Kunden die passende Krawattennadel an. ☐
4. Eine Kundin interessiert sich für einen dunkelblauen Pullover in Größe L. In dieser Größe können Sie der Kundin den Pullover jedoch nur noch in Schwarz anbieten. ☐
5. Für eine Hochzeit verkaufen Sie einem Kunden einen Anzug, das passende Hemd sowie eine Krawatte. ☐

21. Aufgabe

Ein Kunde hat bei Ihnen eine Akku-Bohrmaschine gekauft. Sie unterbreiten ihm dazu ein Ergänzungsangebot. Welche Überlegung des Kunden führt häufig zur sofortigen Annahme des Ergänzungsangebotes?

1. Das Ergänzungsangebot wird von den Mitbewerbern zum gleichen Preis angeboten. ☐
2. Das Ergänzungsangebot steigert den Gebrauchswert der Akku-Bohrmaschine. ☐
3. Das Ergänzungsangebot steht mit dem Kauf der Akku-Bohrmaschine in keinem Zusammenhang. ☐
4. Das Ergänzungsangebot liegt preislich weit über dem der Akku-Bohrmaschine. ☐
5. Das Ergänzungsangebot kann nur nach erfolgtem Hauptkauf angeboten werden. ☐

Kunden im Servicebereich Kasse betreuen

Lernsituation 1: Tätigkeiten im Kassenbereich durchführen

Bereits im dritten Monat ihrer Ausbildung soll Kerstin Dahm im Lebensmitteldiscounter Schlegel KG an der Kasse eingesetzt werden. Zur Vorbereitung wird sie an einem zweitägigen Seminar im Schulungsraum des Zentrallagers in Köln-Porz teilnehmen. Kerstin hat keine Lust auf das Seminar und fragt sich, ob die Tätigkeit als Kassierkraft eine so aufwendige Vorbereitung benötigt. Darüber unterhält sie sich mit dem zweiten Auszubildenden Thomas Herre, der schon seit über einem Jahr regelmäßig an der Kasse arbeitet.

Kerstin Dahm: *„Ich kann mir überhaupt nicht vorstellen, was wir da zwei Tage in dem Seminar lernen sollen. Das ist doch verschenkte Zeit, das Kassieren bekomme ich auch ohne große Vorbereitung hin!"*

Thomas Herre: *„Das habe ich auch erst gedacht, aber ich glaube, das Arbeiten an der Kasse in unserem Discounter ist echt eine Herausforderung, auf die man vorbereitet werden sollte. Das ist modernste Technik, die du dort bedienen musst. Zum Beispiel der Touchscreen-Monitor, der Scanner oder das Kartenlesegerät für die girocard-Zahlung müssen fachgerecht bedient werden. Da kann man am Anfang ganz schön ins Schwitzen kommen! Und dann soll man auch noch immer freundlich bleiben und bestimmte Abläufe beim Kassieren beachten! Und das ist längst nicht alles, worauf du beim Kassieren achten musst!"*

Kerstin Dahm ist ins Grübeln gekommen. Das Arbeiten an der Kasse im Lebensmitteldiscounter Schlegel KG hat sie sich doch etwas einfacher vorgestellt. Vielleicht lohnt es sich doch, das Seminar zu besuchen?

Beschreibung und Analyse der Situation

Nennen Sie die Tätigkeiten, die die Auszubildenden künftig an der Kasse durchführen.

____

____

____

____

____

____

____

____

Erstellen Sie eine Mindmap zu den Fähigkeiten, über die eine Kassierkraft verfügen sollte.

Welche Fähigkeiten braucht eine Kassierkraft?

Geben Sie Gründe an, die für das Aufstellen von Kassierregeln sprechen.

Erklären Sie, warum eine freundliche Begrüßung und Verabschiedung von Kunden an der Kasse sehr wichtig sind.

Planen und Durchführen

Erstellen Sie einen Leitfaden „Kassierregeln“ und „Kassieranweisungen“. Präsentieren Sie der Klasse Ihre Ergebnisse auf einem Plakat. Übertragen Sie das Gruppenergebnis in Ihre Unterlagen.

Benötigte Materialien: Plakatpapier o. Ä., dicke Filzschreiber, Schere, Klebeband

Bewerten

Erarbeiten Sie in vier Arbeitsgruppen Rollenspiele zu den folgenden Situationen 1–4 und führen Sie diese im Anschluss daran durch. Werten Sie die Rollenspiele danach aus. Formulieren Sie dazu in jeder Gruppe vier Kriterien, die Sie schwerpunktmäßig beobachten und besprechen wollen.

Situation 1
Ein Kunde zahlt an der Kasse mit einem 200-Euro-Schein.

Situation 2
Die vom Kunden auf das Kassenband/den Kassentresen gelegte Ware ist nicht ausgezeichnet.

Situation 3
Ihre Mutter hat bei Ihnen eingekauft und möchte an der Kasse bezahlen.

Situation 4
Ein Kunde legt Ihnen Ware zum Bezahlen vor, vergisst dabei einen Artikel aus dem Einkaufswagen zu nehmen.

Nutzen Sie das Feedback zur schriftlichen Überarbeitung Ihres Leitfadens „Kassierregeln“ und „Kassieranweisungen“.

Beobachtungsbogen	
Bewertungskriterien	**Beurteilung**

Auswertung des Rollenspieles
Beobachten Sie die Durchführung des Rollenspieles und vergeben Sie Noten für die Erfüllung der einzelnen Kriterien. Gehen Sie dabei von folgendem Bewertungsschlüssel aus:

Beurteilungsskala					
Das Beobachtungsmerkmal wurde erfüllt ...					
voll und ganz					gar nicht
①	②	③	④	⑤	⑥

Lernergebnisse sichern

Vergleichen Sie Ihren Leitfaden „Kassierregeln" mit den Regelungen in Ihrem Ausbildungsbetrieb. Notieren Sie Unterschiede und ergänzen Sie noch fehlende Punkte.

Übung 1.1: Arbeiten im Kassenbereich

Nennen Sie allgemeine Verhaltens- bzw. Gesprächsregeln, die von einer Kassierkraft beachtet werden sollten, damit der Kunde das Geschäft mit einem positiven Eindruck verlässt.

Kommunikation an der Kasse

Übung 1.2: Sicherheitsmerkmale von Banknoten

Sabine Freund arbeitet bereits seit einer Woche an der Kasse und die Tätigkeit macht ihr viel Spaß. Beim Kassieren des Kaufpreises für ein Paar Laufschuhe nimmt sie von einem Kunden einen 20-Euro-Schein entgegen. „Irgendwie fühlt sich der Schein nicht normal an“, denkt Sabine. Sabine ist sich unsicher, ob der Schein echt ist. Der Kunde wundert sich über Sabines zögerliches Verhalten.

a) Formulieren Sie einen Vorschlag in wörtlicher Rede, wie Sabine dem Kunden ihren Verdacht mitteilen könnte.

____

____

____

____

____

____

____

b) Ordnen Sie die Beschreibung der Sicherheitsmerkmale den Abbildungen zu!

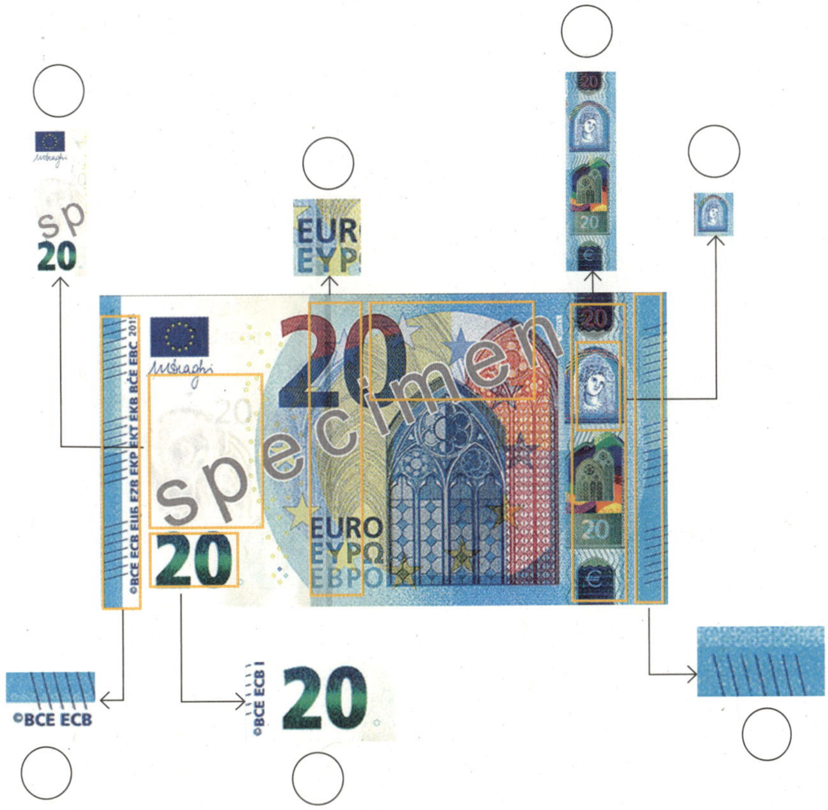

	Sicherheitsmerkmale	Beschreibung
1	Sicherheitsfaden	Bei Gegenlicht wird ein dunkler Streifen auf der Banknote sichtbar.
2	Wertzahl mit Farbwechsel	Beim Kippen der Banknote verändert sich die Farbe der Wertzahl.
3	Porträt-Wasserzeichen	Halten Sie die Banknote gegen das Licht, dann können Sie ein schemenhaftes Motiv und die Wertzahl erkennen.
4	Stichtiefdruck	Die Papierbeschaffenheit ist griffig und fest. Mit speziellen Drucktechniken ist eine Buchstabenreihe bzw. ein Relief aufgedruckt, die sich mit den Fingern fühlen lässt.
5	Porträt-Hologramm	Wenn Sie den Schein kippen, erscheinen auf der Banknote die Wertbezeichnung und das Eurosymbol bzw. das Architekturmotiv. Ergänzt werden diese Abbildungen mit einem Fenster im Hologrammstreifen, das ein Porträt der Europa zeigt.

c) Überprüfen Sie 3 Merkmale aus Aufgabenteil b) an einer 20-Euro Banknote! (Partnerarbeit)

Übung 1.3: Kassenarten und -systeme

Vervollständigen Sie den Lückentext mit folgenden Begriffen.

Datenkasse – Datenträger – Geldaufbewahrungsgerät – POS-System – Kassensystemen – Warenbewegung – mechanische – Warenwirtschaftssystem – elektronische Registrierkasse – Etikettenlesegeräte – Datenerfassungsgerät

Die Kasse im Einzelhandel ist 1. ein ______________________________ und 2. ein Registrier- oder ______________________________, das alle Geschäftsvorfälle, die über die Kassenstelle abgewickelt werden, festhält. Die Kasse liefert außerdem betriebswirtschaftliche Daten zum Verkaufsgeschehen und zur ______________________. Exakte Berichte über Umsatz, Warengruppen, Lagerbestand, Kundenzahl, Personalleistung und anderes mehr haben die Kasse heute zum Steuerungs- und Controlling-Instrument des Unternehmens werden lassen. Entsprechend der Größe und den Anforderungen der Handelsunternehmen ist ein breites Spektrum von ______________________ verfügbar. Aufgrund der Arbeitsweise und der gebotenen Leistung lässt sich das Kassenangebot in drei verschiedene Arten von Kassen unterteilen: Die ______________________________ (ECR-Kasse), die ______________ (Stand-alone-Terminal) und die POS-Systeme (Point-of-Sale-Verbundsysteme). Die ECR-Kasse hat die alte ____________________ Kasse abgelöst. Aufgrund der Verbesserung durch die Elektronik kann die Kasse schneller und einfacher bedient werden. Sie bietet ferner zusätzliche Leistungen wie Multiplikation, Stornierung, Auf- und Abschläge, und die ausgedruckten Berichte sind erheblich umfangreicher. Die Datenkassen bieten die gleichen Leistungen, die auch die ECR-Kassen erbringen. Was sie als Datenkasse auszeichnet, ist ein eingebauter ____________________ [...] sowie die Möglichkeit, in ein ED\/-Konzept eingebunden zu werden. Der Unterschied zur ECR-Kasse ist die erweiterte Verbundmöglichkeit durch den Zusammenschluss von Systemen unterschiedlicher Leistung, Anschlüsse für automatische ____________ ________________ (Scanner, Lesepistole) sowie Anschlüsse für verschiedene Datenaufzeichnungsgeräte. Ein ____________________ besteht aus mehreren Datenkassen, die zusammen über einen Hintergrundrechner gesteuert werden. In den einzelnen Kassen wird nichts mehr gespeichert, sondern nur noch im Rechner. POS-Systeme können für das gesamte ______________________________ eingesetzt werden. Die modernen Kassensysteme sind modular und flexibel im Aufbau. Nach Erfordernissen der Unternehmensentwicklung können die Systeme angepasst werden.

Quelle: IBH Retail Consultants: Handelslexikon; Kasse unter: www.handelswissen.de/data/handelslexikon/buchstabe_k/Kasse.php, Abruf: 19.10.2016

Übung 1.4: Kassenbelege

Ordnen Sie der Zahlungsart den richtigen Beleg zu.

Zahlungsart	Beleg
Zahlung per EC-Karte als elektronisches Lastschriftverfahren	______________
Zahlung per Kundenkarte	______________
Zahlung per EC-Karte als Electronic Cash	______________
Barzahlung	______________

①

Zweirad Maus
Einsteinstr. 35
53757 St. Augustin
Tel.: 02241-97730

10001 S SW -20- Sc. e.l. 7,99
10001 S SW -20- Sc. e.l. 7,99

• Summe € 15,98

gegeben bar € 20,00
Rückgeld € 4,02

16% MWSt. auf 1378 2,20

13.05.20.. 14:49 B6 821594 11

Verkauf gem. im Laden aushängender allg. Geschäftsbedingungen, die zur Kenntnis gen. und akzeptiert wurden
UMTAUSCH NUR MIT KASSENBON

②

CENTER WARENHAUS / KÖLN
FI 096/1-2765
Aachener Str. 1250
50859 Köln
0221/4171-18

Terminal-ID: 65583695
ec-Nr 020944 Bnr 6666

Kartenzahlung
electronic cash

€ 19,98

Datum 01.04... 16:03 Uhr
Kto 37040044/0310914700
Karte 1 gültig bis 12/06
AIDPara 4000510302
AID 9CA92367

*** Zahlung erfolgt ***

③

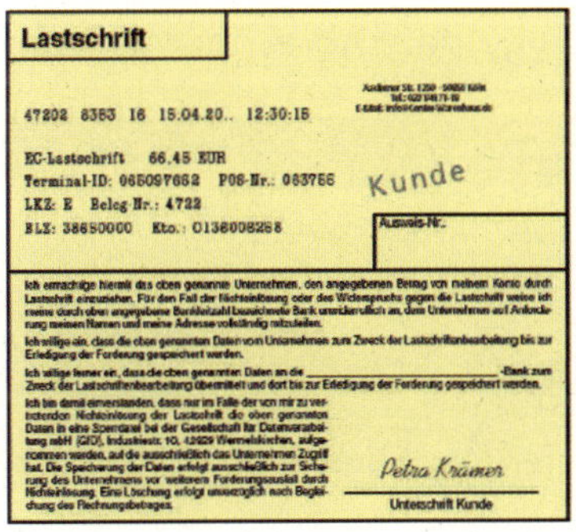
Lastschrift

47202 8353 16 15.04.20.. 12:30:15

EC-Lastschrift 66,45 EUR
Terminal-ID: 065097652 POS-Nr.: 053755
LKZ: E Beleg-Nr.: 4722
BLZ: 38650000 Kto.: 0136006288

Kunde

Ausweis-Nr.

Ich ermächtige hiermit das oben genannte Unternehmen, den angegebenen Betrag von meinem Konto durch Lastschrift einzuziehen. Für den Fall der Nichteinlösung oder des Widerspruchs gegen die Lastschrift weise ich meine durch oben angegebene Bankleitzahl bezeichnete Bank unwiderruflich an, dem Unternehmen auf Anforderung meinen Namen und meine Adresse vollständig mitzuteilen.

Ich willige ein, dass die oben genannten Daten vom Unternehmen zum Zweck der Lastschriftenbearbeitung bis zur Erledigung der Forderung gespeichert werden.

Ich willige ferner ein, dass die oben genannten Daten an die ____________ -Bank zum Zweck der Lastschriftenbearbeitung übermittelt und dort bis zur Erledigung der Forderung gespeichert werden.

Ich bin damit einverstanden, dass nur im Falle der von mir zu vertretenden Nichteinlösung der Lastschrift die oben genannten Daten in eine Sperrdatei bei der Gesellschaft für Datenverarbeitung mbH (GfD), Industriestr. 10, 42929 Wermelskirchen, aufgenommen werden, auf die ausschließlich das Unternehmen Zugriff hat. Die Speicherung der Daten erfolgt ausschließlich zur Sicherung des Unternehmens vor weiterem Forderungsausfall durch Nichteinlösung. Eine Löschung erfolgt unverzüglich nach Begleichung des Rechnungsbetrages.

Petra Krämer
Unterschrift Kunde

④

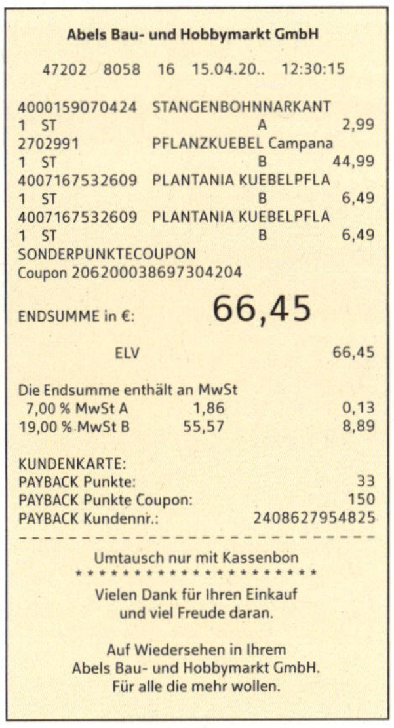
Abels Bau- und Hobbymarkt GmbH

47202 8058 16 15.04.20.. 12:30:15

4000159070424 STANGENBOHNNARKANT
1 ST A 2,99
2702991 PFLANZKUEBEL Campana
1 ST B 44,99
4007167532609 PLANTANIA KUEBELPFLA
1 ST B 6,49
4007167532609 PLANTANIA KUEBELPFLA
1 ST B 6,49
SONDERPUNKTECOUPON
Coupon 206200038697304204

ENDSUMME in €: 66,45

ELV 66,45

Die Endsumme enthält an MwSt
7,00 % MwSt A 1,86 0,13
19,00 % MwSt B 55,57 8,89

KUNDENKARTE:
PAYBACK Punkte: 33
PAYBACK Punkte Coupon: 150
PAYBACK Kundennr.: 2408627954825

Umtausch nur mit Kassenbon
****

Vielen Dank für Ihren Einkauf
und viel Freude daran.

Auf Wiedersehen in Ihrem
Abels Bau- und Hobbymarkt GmbH.
Für alle die mehr wollen.

Übung 1.5: Bestandteile eines Kassenbelegs

Bringen Sie die Bestandteile des Kassenbeleges in die richtige Reihenfolge (1–10).

Lebensmitteldiscount Schlegel KG Aachener Str. 1250 50859 Köln	
025	30.04..
	€
Müsli, sortiert	1,49 A
Muesli, Riegel	0,99 A
Bananen	0,96 A
Probiot. Trinkfruehstueck	0,79 A
Probiot. Trinkfruehstueck	0,79 A
GESAMT	5,02
Artikel	5
NETTO (A)	4,69
MWST 7,00 %	0,33
BRUTTO	5,02
4835 3 13:28	#009
VIELEN DANKE FÜR IHREN EINKAUF	

Art des Artikels, Umsatz in €, A = 7 %	______
Name, Adresse des Unternehmens	______
Filiale-Nr. Datum	______
Gesamtbetrag in €	______
Nettobetrag in €	______
Umsatzsteuer in €	______
Ansprache an den Kunden	______
Anzahl Artikel	______
Bruttobetrag in €	______
Verkäufer-Nr., Kassen-Nr., Uhrzeit, Anzahl	______

Übung 1.6: Kassenabrechnung

Am Ende des Verkaufstages (17.10.20..) zählt Mehmet im Elektrofachmarkt e. K. beim Kassenschluss einen Bargeldbestand von 3646,00 €. Zu Beginn des Tages verfügte er über einen Wechselgeldbestand von 380,00 €. Berechnen Sie unter Berücksichtigung der aufgeführten Belege die Barverkäufe des Tages. Verwenden Sie dazu das beigefügte Abrechnungsformular.

Belege	Beträge
Private Geldentnahme des Geschäftsinhabers	930,00
Barkauf von Büromaterial	21,00
Warenlieferung per Nachnahme	812,00
Spediteur, der eine Warenlieferung gebracht hat, wird bar bezahlt	78,00
Einzahlung auf das Bankkonto	6 100,00
Kunde bezahlt Rechnung Nr. 135/07 vom 10.10.20.. bar	230,00
Herr Tauber von der Buchhandlung Tauber hat einen Lagerraum gemietet. Er bezahlt die Monatsmiete regelmäßig bar in die Kasse ein.	470,00

Kassenbericht Mars Elektrofachmarkt e. K.	vom ______		Nr. 278	+/–
			€	
Kassenbestand bei Geschäftsschluss			______	______
		€		
Entnahmen				
1. Wareneinkäufe				
______		______		
______		______		

Zwischensumme:	______	→ ______	______
2. Geschäftsausgaben			
______	______		
Zwischensumme:	______	→ ______	______
3. Private Entnahmen			
	______		
Zwischensumme:	______	→ ______	______
4. Sonstige Ausgaben (z. B. Bareinzahlungen Bank)			
	______		
Zwischensumme:	______	→ ______	______
Summe			
abzüglich Kassenbestand Vortag (Wechselgeld)		______	______
= Kasseneingang			
abzüglich sonstige Einnahmen			
______	______		
Miete Tauber bar	______	______	______
= Barverkäufe/Tageslosung		______	

Übung 1.7: Einfacher Dreisatz

Berechnen Sie folgende Aufgaben zum einfachen Dreisatz mit geradem und ungeradem Verhältnis. Nutzen Sie die Lösungsschritte 1–3 und ergänzen Sie die fehlenden Begriffe.

Einfacher Dreisatz mit geradem Verhältnis

Frau Alexandra Siebels kauft im Lebensmitteldiscounter Schlegel KG an der Fleischtheke 10 Stücke Lammfleisch mit einem Gewicht von 2,4 kg. Das Lammfleisch ist im Angebot und kostet 83,76 €. Eine Woche später kauft sie zum selben Angebotspreis 25 Stücke Lammfleisch mit einem Gewicht von 5,3 kg für eine Gartenparty.

Wie viel muss Frau Siebels an der Kasse für das Lammfleisch zahlen?

① **Wenn** 2,4 kg Lammfleisch = __________ **kostet**

② **dann kosten** 100 Gramm Lammfleisch = __________ = __________

③ **und** 5,3 kg Lammfleisch = ______________ = ____________

Merke: Je mehr, desto _________ oder je weniger, desto _________!

Einfacher Dreisatz mit ungeradem Verhältnis

Im Lebensmitteldiscounter Schlegel haben 3 Verkäuferinnen für die Auszeichnung der gesamten Non-Food-Ware 7 Stunden gebraucht. Der stellvertretende Filialleiter Tobias Hell möchte diesen Prozess beschleunigen und plant beim nächsten Mal für die gleiche Menge Ware zum Auszeichnen 7 Verkäuferinnen einzusetzen.

Wie lange werden sie für die Auszeichnung der Non-Food-Ware benötigen?

① **Wenn** 3 Verkäuferinnen = ____________ Stunden **brauchen**

② **dann braucht** 1 Verkäuferin = ____________ Stunden = ____________ Stunden

③ **und** 7 Verkäuferinnen = ____________ Stunden = ____________ Stunden

Merke: Je mehr, desto ____________ oder je weniger, desto____________!

Übung 1.8: Durchschnittsrechnen

Berechnen Sie folgende Aufgaben zum einfachen und gewogenen Durchschnitt. Nutzen Sie den abgebildeten Lösungsweg und ergänzen Sie die fehlenden Begriffe.

Einfacher Durchschnitt

Im Center Warenhaus wurden über das Warenwirtschaftssystem die vier besten Verkäufer/-innen ermittelt. Diese Verkäufer/-innen haben im dritten Quartal des Geschäftsjahres folgende Umsatzzahlen erzielt:

Verkäufer/in	Abteilung	Umsatz im 3. Quartal in €
Yvonne Berg	Parfümerie	17 320,00
Elena Gutowski	Textil/Sport	16 250,00
Helmut Winkler	Elektro	14 805,00
Edith Schiefen	Uhren/Schmuck	14 200,00

Ermitteln Sie den durchschnittlichen Quartalsumsatz je Verkäufer/in.

Summe der Einzelumsätze: __________

Anzahl der Posten : _______

Einfacher Durchschnitt: Summe der Einzelumsätze/ ______________

Durchschnittlicher Quartalsumsatz je Verkäufer/-in = ____________ = ______

Gewogener Durchschnitt

In der Sportabteilung der Center Warenhaus GmbH wurden zur letzten Wintersaison Carving Ski einer Premium-Marke zu folgenden Preisen eingekauft:

Modell	Menge	Einkaufspreis, netto in €
Sundowner Affect	24	169,00
Hochkönig Racer	18	175,00
Brader Carver	16	219,00
Spider Meyer	34	239,00

Berechnen Sie den Durchschnittspreis der Carving-Ski.

① Menge x Einzelpreis = ________________ je Modell ________________ = Einkaufswert Gesamt

Modell	Einkaufswert in €
Sundowner Affect	
Hochkönig Racer	
Brader Carver	
Spider Meyer	
Gesamtwert alle Modelle	

② **Gesamtmenge** aller Skier: ___________ der einzelnen Menge je Modell ___ + ____ + ____ + 34 = _____

③ **Gewogener Durchschnitt =** _____________ **der Modelle/Gesamtmenge** ______________ = ________________

Übung 1.9: Prozentrechnen

Berechnen Sie folgende Aufgaben zur Prozentrechnung. Nutzen Sie den abgebildeten Lösungsweg und ergänzen Sie die fehlenden Begriffe.

Berechnen des Prozentsatzes

In der Sportabteilung der Center Warenhaus GmbH wird der Verkaufspreis für das Trikot der niederländischen Nationalmannschaft von 85,00 € auf 63,75 € reduziert.

Berechnen Sie, um wie viel Prozent das Trikot reduziert wurde.

Höhe der Preisreduzierung => _____ – ______ = ______ €

① **Bedingungssatz** ____________ = 100 %

② **Fragesatz** ____________ = x %

③ **Bruchsatz** ____________ = ___ %

Grundwert

____

____

Berechnen des Prozentwertes

Bei einer Sonderaktion im Mars Elektrofachmarkt erhalten Kunden beim Kauf eines TV-Gerätes 15 % Rabatt. Mehmet Aydin verkauft ein Sany Fernsehgerät mit einem Auszeichnungspreis von 1 250,00 €.

Ermitteln Sie, wie viel Euro Rabatt der Kunde in der Rabattaktion erhält.

① **Bedingungssatz** 100 % = ____________

Grundwert

② **Fragesatz** ____________ % = x

③ **Bruchsatz** ____________ = ____________

____

____

Berechnen des Grundwertes

Der Preis eines 200-g-Bechers Joghurt bei der Schlegel Lebensmitteldiscount KG ist um 0,18 € gesenkt worden. Das entspricht einer Reduzierung von 20 %.

Berechnen Sie den „alten" Preis des Joghurts.

① **Bedingungssatz** ____________ % = ____________

② **Fragesatz** ____________ % = x

③ **Bruchsatz** ____________ = ____________

Prozentwert

____________ ____________

Lernsituation 2: Voraussetzungen für den Abschluss eines Kaufvertrages berücksichtigen

Nach dem zweitägigen Einführungsseminar zur Arbeit an der Kasse beim Elektrofachmarkt e.K. hat der Auszubildende Mehmet Aydin folgendes Erlebnis. Mehmet hat einem 16-jährigen Schüler ein Smartphone für 249,00 € verkauft. Drei Tage später erscheint der Vater des Jungen und verlangt die Herausgabe des Kaufpreises sowie die Rücknahme des bereits benutzten Smartphones mit der Begründung, sein Sohn habe nicht seine Zustimmung zu diesem Kauf. Mehmet ist sich unsicher, was er machen soll. Wenn das Smartphone noch unbenutzt wäre, dann würde er den Kaufpreis auszahlen. Aber so?
Er informiert sich bei seinem Verkaufsleiter Oliver Lehnert darüber, ob er der Forderung des Vaters nachkommen muss.

Beschreibung und Analyse der Situation

Analysieren Sie, aus welchen Gründen es zu dieser für Mehmet unangenehmen Situation gekommen ist und welche Konsequenzen folgen können.

____

____

____

____

Klären Sie mithilfe des BGB und des Lehrbuches, wie ein Kaufvertrag zustande kommt. Ergänzen Sie dazu das folgende Schaubild.

Abschluss des Kaufvertrages

Der Verkäufer macht den Antrag

1. Willenserklärung = ____________ | Bei Übereinstimmung = ____________ | 2. Willenserklärung = ____________

____________ des Verkäufers | ____________ des Kunden

Der Käufer macht den Antrag

1. Willenserklärung = ____________ | Bei Übereinstimmung = ____________ | 2. Willenserklärung = ____________

____________ des Kunden | ____________ des Verkäufers

Anpreisungen stellen im rechtlichen Sinne ____________ Angebot dar.

Planen

Klären Sie die Begriffe „Rechts- und Geschäftsfähigkeit" und stellen Sie fest, welche Stufen der Geschäftsfähigkeit unterschieden werden. Stellen Sie Ihr Ergebnis in einer Übersicht dar. Arbeiten Sie in Kleingruppen.

Rechtsfähigkeit ____________

Geschäftsfähigkeit ____________

Geschäftsfähigkeit

Geschäftsunfähigkeit	______________	______________
unter 7 Jahren außerdem ● Personen mit andauernder Störung der Geistestätigkeit	**Alter:** ________ außerdem: ______________ ______________ ______________	**Alter:** ________
______________ ______________ ______________ ______________ ______________ Ausnahme: ______________ ______________ ______________ ______________ ______________ ______________ ______________ ______________	______________ ______________ ______________ ______________ ______________ Ausnahme: ______________ ______________ ______________ ______________ ______________ ______________ ______________ ______________	Eigene Willenserklärungen **sind rechtsverbindlich**. Ausnahme: ______________ ______________ ______________ ______________ ______________ ______________ ______________ ______________

Durchführen und Bewerten

Ein Mitglied der Kleingruppe präsentiert der Klasse das Arbeitsergebnis als Kurzreferat. Ergänzen Sie gegebenenfalls fehlende Punkte in Ihren Unterlagen.

Geben Sie nach jedem Kurzreferat ein kurzes Feedback. Der folgende Rückmeldebogen (s. Lernfeld 1) soll Sie dabei unterstützen.

Leitfragen	Bewertung in Schulnoten				
	1	2	3	4	5
War der Vortrag über das Thema „Rechts- und Geschäftsfähigkeit“ umfassend und informativ?					
Hat sich der Ablauf bewährt?					
Wie war die Güte der einzelnen Phasen?					
● Einstieg					
● Hauptteil					
● Schluss					
Wie sicher hat die/der Vortragende gewirkt?					

Lernergebnisse sichern

Formulieren Sie für die unterschiedlichen Stufen der Geschäftsfähigkeit je ein Praxisbeispiel aus Ihrer Branche.

Erläutern Sie die Absicht des Gesetzgebers bei der Festlegung der drei Stufen der Geschäftsfähigkeit.

Übung 2.1: Rechts- und Geschäftsfähigkeit

Entscheiden Sie bei folgenden Beispielen, ob ein wirksames Rechtsgeschäft vorliegt. Begründen Sie Ihre Entscheidung.

Beispiel	Entscheidung/Begründung
Der 16-jährige Schüler Jan Gerdes, der 80,00 € Taschengeld im Monat erhält, kauft sich von seinen Ersparnissen einen Motorroller für 2 000,00 €.	
Die 6-jährige Pia kauft beim Bäcker im Auftrag ihrer Mutter fünf Stücken Kuchen. Pia hat von ihrer Mutter einen Zettel mit dem „Kaufauftrag“ und passendes Geld dabei.	
Der 17-jährige Günther verkauft in seinem Ausbildungsbetrieb einen Motorrasenmäher an einen Kunden. Der Kunde zahlt den Verkaufspreis von 800,00 € bar.	

Übung 2.2: Gültige, nichtige und anfechtbare Rechtsgeschäfte

Beurteilen Sie bei folgenden Rechtsgeschäften, ob sie gültig, anfechtbar oder nichtig sind. Begründen Sie Ihre Entscheidung kurz mithilfe des BGB.

Fall 1: Der Lehrer Georg Diettrich leiht seinem Freund Matthias Strothmann 3000,00 € für die Anschaffung eines neuen Fernsehers. Er verlangt dafür einen Zinssatz von 34 %.

Willenserklärung ist ...			kurze Begründung mit Angabe des Paragrafen im BGB
gültig	anfechtbar	nichtig	
______	______	______	______________________________ ______________________________

Fall 2: Thorsten Bickel kauft sich beim Fahrradhändler Piet Harms ein hochwertiges Rennrad der Marke Felt. Er wendet für den Kaufpreis von 3500,00 € seine gesamten Ersparnisse auf. Am nächsten Tag ruft der Händler bei Thorsten an, er wolle das Geschäft rückgängig machen. Er habe zu knapp kalkuliert, dass Rennrad müsse daher 500,00 € teurer sein.

Willenserklärung ist ...			kurze Begründung mit Angabe des Paragrafen im BGB
gültig	anfechtbar	nichtig	
______	______	______	______________________________ ______________________________ ______________________________

Fall 3: Für die Renovierung seines Eigenheimes bestellt Olaf Janssen Dämmstoff in der Stärke von 100 Millimetern. Der Mitarbeiter im Baustoffhandel versteht ihn aufgrund des hohen Geräuschpegels im Geschäft falsch und notiert eine Stärke von 200 mm. Die bestellten Materialien werden am nächsten Tag ausgeliefert.

Willenserklärung ist ...			kurze Begründung mit Angabe des Paragrafen im BGB
gültig	anfechtbar	nichtig	
______	______	______	______________________________ ______________________________

Fall 4: Der Verkäufer Fritz Abels erpresst einen Kunden, damit dieser eine Saunaeinrichtung kauft. Ansonsten würde er die Ehefrau des Kunden über dessen Geliebte aufklären.

Willenserklärung ist ...			kurze Begründung mit Angabe des Paragrafen im BGB
gültig	anfechtbar	nichtig	
______	______	______	______________________________ ______________________________

Fall 5: Die Grafikerin Inka Strothmann verspricht ihrer Freundin Gritje Peters in Partylaune 5000,00 €, wenn sie ein Weihnachtslied singt. Diese legt sofort los und sorgt auf der Feier für gute Stimmung.

Willenserklärung ist ...			kurze Begründung mit Angabe des Paragrafen im BGB
gültig	anfechtbar	nichtig	
______	______	______	______________________________ ______________________________

Übung 2.3: Nichtige und anfechtbare Rechtsgeschäfte

Ordnen Sie die Begriffe in die Grafik ein.

Schein-/Scherzgeschäft – Verstoß gegen Formvorschriften – empfangsbedürftige – Irrtum – Täuschung – Drohung – nicht empfangsbedürftige – Verstoß gegen gesetzliches Verbot oder gute Sitten – Geschäftsunfähigkeit – einseitig verpflichtende – beidseitig verpflichtende

Übung 2.4: Arten von Rechtsgeschäften

Kreuzen Sie an, ob es sich in den folgenden Fällen um ein einseitiges oder ein zweiseitiges Rechtsgeschäft handelt.

Fall	Einseitiges Rechtsgeschäft	Zweiseitiges Rechtsgeschäft
Herr Mut verfasst sein Testament und hinterlegt es beim Rechtsanwalt.		
Herr Langen kündigt einer Mitarbeiterin in seinem Unternehmen.		
Frau Hinz mietet ein Haus mit Garten.		
Herr Brader kauft sich beim Autohändler einen neuen Lieferwagen.		
Ein 19-jähriger Auszubildender nimmt bei der Bank ein Darlehen auf.		
Fynn Menne leiht sich vom Baumarkt eine Kettensäge.		

Übung 2.5: Formvorschriften bei Rechtsgeschäften

a) Stellen Sie fest, welche gesetzliche Formvorschrift bei den angegebenen Rechtsgeschäften eingehalten werden muss. Kreuzen Sie das entsprechende Feld an.

Rechtsgeschäft	formfrei	Schriftform	öffentliche Beglaubigung	notarielle Beurkundung
Maik Peters schließt einen Ausbildungsvertrag mit dem Lebensmitteldiscounter Schlegel KG ab.				
Mehmet verkauft sein Mountainbike per Handschlag an Sabine.				
Herr Pfaff kauft das Grundstück seines Nachbarn.				
Jörn Menne setzt ein handschriftliches Testament auf.				
Die Laufgemeinschaft Wechloy meldet sich beim Vereinsregister an.				
Nick Eggers kauft sich einen neuen LCD-Fernseher. Er schließt dafür einen Ratenkaufvertrag ab und zahlt den Kaufpreis in neun Monatsraten.				
Die selbstständige Friseurin Frau Müller mietet ihr neues Ladenlokal für einen Zeitraum von drei Jahren.				

b) Erläutern Sie, welche Funktion gesetzlich vorgeschriebene Formen für Rechtsgeschäfte haben.

___

___

___

Übung 2.6: Vertragsarten

Ordnen Sie die folgenden Vertragsarten den entsprechenden Definitionen zu und entwickeln Sie jeweils ein Beispiel.

Kaufvertrag – Leihvertrag – Werkvertrag – Mietvertrag – Pachtvertrag

Vertragsart	Definition	Beispiel
	Unentgeltliche Überlassung von Sachen zum Gebrauch. Rückgabe der entliehenen Sache nach Ablauf der Leihzeit.	
	Entgeltliche Überlassung von Sachen zum Gebrauch und zur Nutzung von Erträgen daraus.	
	Entgeltliche Veräußerung von Sachen und Rechten.	
	Entgeltliche Herstellung eines Werkes, zu dem der Kunde das Material liefert.	
	Entgeltliche Überlassung von Sachen zum Gebrauch.	

Übung 2.7: Abschluss des Kaufvertrages mit einem Kunden

Entscheiden Sie, in welchen Fällen ein Kaufvertrag zustande gekommen ist. Kreuzen Sie in der Tabelle jeweils an, ob und wie der Kaufvertrag zustande gekommen ist.

a) Ein an einem Laptop interessierter Kunde lässt sich im Mars Elektrofachmarkt von einem Verkäufer beraten. Der Verkäufer bietet ihm ein Gerät mit einem Sonderrabatt von 10 % an. Der Kunde entscheidet sich zum Kauf und sagt: „Den nehme ich."

1. Willenserklärung Antrag		2. Willenserklärung Annahme		Kaufvertrag
Angebot	Bestellung	Bestellung	Bestellungsannahme	

b) Sabine Freund berät einen Kunden, der mit dem Lauftraining beginnen möchte. Sie bietet ihm einen Laufschuh von Asics zum reduzierten Preis von 79,00 € an. Der Kunde ist unschlüssig und lässt sich den Laufschuh bis zum nächsten Tag zurücklegen.

1. Willenserklärung Antrag		2. Willenserklärung Annahme		Kaufvertrag
Angebot	Bestellung	Bestellung	Bestellungsannahme	

c) Der Verwaltungsleiter des Mars Elektrofachmarktes, Herr Tophoven, bestellt 1 000 Briefumschläge bei Willi Meyer Schreibwaren e. K. zum Preis von 15,90 €. Der Schreibwarenhändler nimmt die Bestellung an und liefert bereits am nächsten Tag.

1. Willenserklärung Antrag		2. Willenserklärung Annahme		Kaufvertrag
Angebot	Bestellung	Bestellung	Bestellungsannahme	

d) In der Center Warenhaus GmbH hat Sabine Freund das Schaufenster unter dem Motto „Aktiv macht fit" dekoriert. Eine Kundin möchte unbedingt den in der Dekoration verwendeten und mit 598,00 € ausgezeichneten Ergometer kaufen. Leider ist dieses Gerät nicht mehr vorrätig.

1. Willenserklärung Antrag		2. Willenserklärung Annahme		Kaufvertrag
Angebot	Bestellung	Bestellung	Bestellungsannahme	

e) Das Versandhaus Eggers schickt dem Arzt Markus Schopp ein 12-bändiges Lexikon, ohne dass dieser bestellt hat. Er ärgert sich sehr über diese Lieferung, teilt dem Versandhaus aber nicht mit, dass er die Lieferung ablehnt.

1. Willenserklärung Antrag		2. Willenserklärung Annahme		Kaufvertrag
Angebot	Bestellung	Bestellung	Bestellungsannahme	

Übung 2.8: Verpflichtungs- und Erfüllungsgeschäft

Jonas Wark möchte in der Sportabteilung der Center Warenhaus GmbH die neuesten Carving-Skier von Salomon kaufen. Sabine Freund präsentiert die gefragte Ware und berät den aktiven Sportler. Sie bietet ihm Skier für 299,00 € an. Jonas ist begeistert und gibt an, die Skier kaufen zu wollen.

Ergänzen Sie die folgenden Schaubilder zum Verpflichtungs- und Erfüllungsgeschäft beim Verkauf der Carving-Skier.

Verpflichtungsgeschäft

Verkäuferpflichten	Käuferpflichten

Erfüllungsgeschäft

Verkäuferpflichten	Käuferpflichten

Übung 2.9: Allgemeine Geschäftsbedingungen

Ergänzen Sie folgende Übersicht zu den Allgemeinen Geschäftsbedingungen.

Die Allgemeinen Geschäftsbedingungen (AGB)

Definition	
Ziele	
Vorteile	
Nachteile	
Zielsetzung der AGB-Regelungen im BGB	

Übung 2.10: Wirksamkeit der Allgemeinen Geschäftsbedingungen

Ein Teehändler aus Köln bietet der Lehrerin Mia Schmalz schriftlich mehrere ostfriesische Teesorten an. Er verweist in seinem Angebot ausdrücklich auf die Gültigkeit seiner AGB, die in seinem Geschäft zur Einsichtnahme bereitliegen. Mia Schmalz bestellt mehrere Teesorten zu den im Angebot genannten Bedingungen. Beurteilen Sie, ob die AGB des Teehändlers in diesem Falle Vertragsbestandteil geworden sind.

Übung 2.11: Verbotene Klauseln in Kaufverträgen bei einseitigen Handelsgeschäften

Entwickeln Sie für die folgenden verbotenen und damit unwirksamen Klauseln bei einseitigen Handelsgeschäften jeweils ein Beispiel.

Verbotene Klausel	Beispiel
Nachträgliche Preiserhöhung	
Ausschluss von Reklamationsrechten	
Verkürzung der gesetzlichen Sachmängelhaftungsfrist	

Lernsituation 3: Kunden über Zahlungsarten informieren

Sabine berät in der Sportabteilung des Center Warenhauses den Kunden Achim Groenhagen, einen begeisterten Radsportler. Dieser sucht ein Spinning-Bike zum wetterunabhängigen Radtraining in den Wintermonaten. Herr Groenhagen entscheidet sich nach einem ausführlichen Beratungsgespräch für das Modell „Emden Racer“ vom Hersteller „Ironman“. Das Bike kostet 999,00 €.

Kunde: *„Vielen Dank für die tolle Beratung! Da freue ich mich auf das erste Training.“*

Sabine: *„Damit können Sie dann schon bald loslegen. Wir liefern Ihnen das Rad am Freitag.“*

Kunde: *„Klasse! Wie kann ich denn jetzt bezahlen? Bargeld habe ich leider nicht genug dabei, aber meine Kreditkarte von Visa. Und über einen kleinen Rabatt haben wir auch noch gar nicht gesprochen!“*

Sabine: *„Das Spinning-Bike können Sie bei uns natürlich bargeldlos bezahlen. Ihre Visa-Karte akzeptieren wir, genauso aber auch eine girocard. Alternativ könnte ich Ihnen anbieten, dass Sie erst bei der Anlieferung bar bezahlen. Und wegen des Rabattes, da muss ich erst meine Abteilungsleiterin fragen. Würden Sie bitte einen Augenblick warten?“*

Sabine: (kurze Zeit später) *„So, Herr Groenhagen, ich habe die Rabattfrage geklärt. Wenn Sie bar oder mit der girocard zahlen, kann ich Ihnen einen Rabatt von 2 % anbieten.“*

Kunde: *„Das verstehe ich nicht, wieso kann ich denn nicht mit meiner Kreditkarte zahlen und die 2 % trotzdem bekommen? Ist es denn nicht für Sie egal, ob Sie das Geld von meiner Bank oder von meinem Kreditkartenanbieter bekommen?“*

Sabine ist ratlos, und dabei hat sie dem Kunden noch nicht einmal alle Zahlungsmöglichkeiten genannt, denn Herr Groenhagen hätte sein Bike als Stammkunde auch auf Rechnung geliefert bekommen können!

Beschreibung und Analyse der Situation

Erklären Sie, warum es im Einzelhandel üblich ist, dem Kunden verschiedene Zahlungsarten anzubieten.

Begründen Sie, warum der Kunde nicht versteht, dass er bei der Zahlung mit der Kreditkarte keinen Rabatt bekommt.

Planen

Erstellen Sie eine Präsentation zu den angegebenen Zahlungsarten im Einzelhandel. Sie arbeiten in **arbeitsteiliger** Gruppenarbeit. Ihr Ergebnis soll in Form eines **Marktstandes** im Klassenraum präsentiert werden, an dem sich die Mitschüler informieren können.

Themen	Barzahlung und Überweisung ①	Zahlung mit der Kreditkarte ②	Zahlung mit der girocard ③

Schritt 1: Gruppenbildung und Themenzuordnung

Gruppenbildung

Die Themen werden nummeriert und jeder Schüler der Klasse schreibt auf einen Zettel seinen Erst- und seinen Zweitwunsch. Die Lehrkraft nimmt dann die Gruppeneinteilung vor und versucht, die Wünsche zu berücksichtigen. Gegebenenfalls wird ein Themenbereich bei zu hohen Schülerzahlen doppelt besetzt.

Gruppenmitglieder:			
Gruppenrollen:	Gruppenleiter	Zeitwächter	Präsentierende(-r)
Gewählte Zahlungsart:			

Schritt 2: Informationssuche und Arbeitsorganisation
Recherchieren Sie mithilfe des Internets bzw. Ihres Lehrbuches Informationen zu Ihrer gewählten Zahlungsart, die Sie vorstellen möchten.

Informationsquellen

Diese Informationen sollen genutzt werden:

1.
2.
3.

...

Schritt 3:
Erstellen Sie eine Präsentation für Ihren **„Marktstand"** an einer Pinnwand. Übernehmen Sie das Arbeitsergebnis in Ihre Unterlagen.

Benötigte Materialien: Pinnwand, Pinnadeln, Packpapier o. Ä., dicke Filzschreiber, Moderationskarten, Kreppklebeband, Schere

Vorlage für die eigene Ergebnissicherung

Durchführen und Bewerten

Schritt 4:
Die Präsentationen der einzelnen Gruppen werden wie **„Marktstände"**, an denen sich alle Schüler informieren können, im Raum verteilt. An jedem Stand kann ein Mitglied der jeweiligen Gruppe als **Experte** zur Verfügung stehen, um Fragen zu beantworten oder ergänzende Erklärungen abzugeben.

Alternativer Schritt 4:
Eine andere Möglichkeit ist, dass Sie Fragen, Kommentare oder Anregungen zu den einzelnen Präsentationen auf Karten notieren. In einer anschließenden **Präsentationsphase** in der Klasse gehen dann die Gruppen gezielt auf die Karten ein.

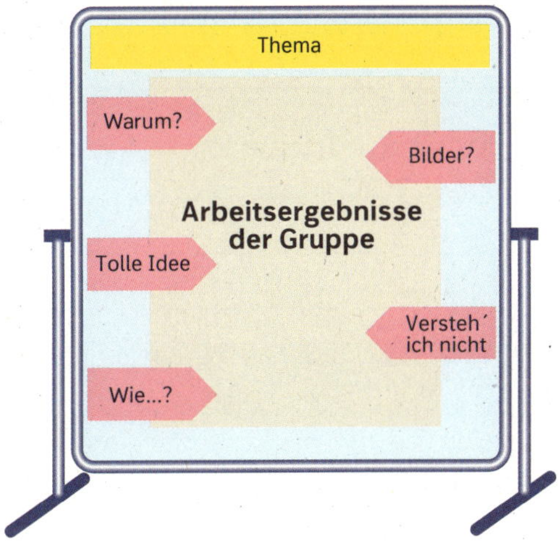

Schritt 5:
Überdenken Sie anhand der Rückmeldungen und Empfehlungen Ihre Präsentation in der Arbeitsgruppe und ergänzen/ändern sie gegebenenfalls.

Schritt 6:
Gehen Sie in Ihren Arbeitsgruppen die Arbeitsschritte 1–5 gedanklich durch und reflektieren Sie Ihre Ergebnisse sowie Ihren Arbeitsprozess. Tun Sie dies zunächst individuell und tauschen Sie sich anschließend in Ihrer Gruppe aus.

Merkmale der Gruppenarbeit	Bewertung in Schulnoten				
	1	2	3	4	5
Wir waren uns darüber im Klaren, was wir erreichen wollten.					
Wir hörten aufmerksam zu, wenn andere sprachen.					
Alle brachten sich gewinnbringend in die Gruppenarbeit ein.					
Die Gruppe wurde nicht durch ein Mitglied oder mehrere Mitglieder dominiert.					
Mit der Qualität unseres Arbeitsergebnisses sind wir zufrieden.					
Das Interesse am Thema war groß.					

Beurteilen Sie Sabines Rabattangebot von 3 % an Herrn Groenhagen. Berechnen Sie zu diesem Zweck die Auswirkungen auf den Gewinn, den das Center Warenhaus erzielt, wenn der Kunde ...
1. mit girocard und PIN (Gebühren 0,03 % vom Umsatz, mind. 0,08 €),
2. mit Kreditkarte (3 % Provision vom Umsatz für den für den Anbieter mobiler Kartenlesegeräte) bezahlt.

Kalkulationsschema für das Spinning-Bike

Bezugspreis	549,00 €	Einkaufspreis zzgl. Versand
Handlungskosten	147,00 €	Anteilig Kosten für Personal, Miete, ...
Selbstkostenpreis	696,00 €	
Gewinnzuschlag	**143,50 €**	
Listenverkaufspreis	839,50 €	100 % (ohne Umsatzsteuer)
Umsatzsteuer 19 %	159,50 €	
Bruttoverkaufpreis	999,00 €	119 % (Auszeichnungspreis)

Zahlung mit der girocard	

Zahlung mit der Kreditkarte	

Formulieren Sie für das Ende der Ausgangssituation eine Antwort, die freundlich ist und in der Sie trotzdem die Interessen der Center Warenhaus GmbH vertreten.

Lernergebnisse sichern

Erstellen Sie aus den einzelnen Gruppenergebnissen ein „Miniskript“ zu den verschiedenen Zahlungsarten und kopieren Sie es für alle Mitschüler.

Übung 3.1: Barzahlung

Der Kunde Wolf Brieger kauft sich in der Sportabteilung des Center Warenhauses ein neues Snowboard. Er bittet Sabine Freund, ihm eine Quittung auszustellen. Benennen Sie die Bestandteile des Quittungsvordruckes.

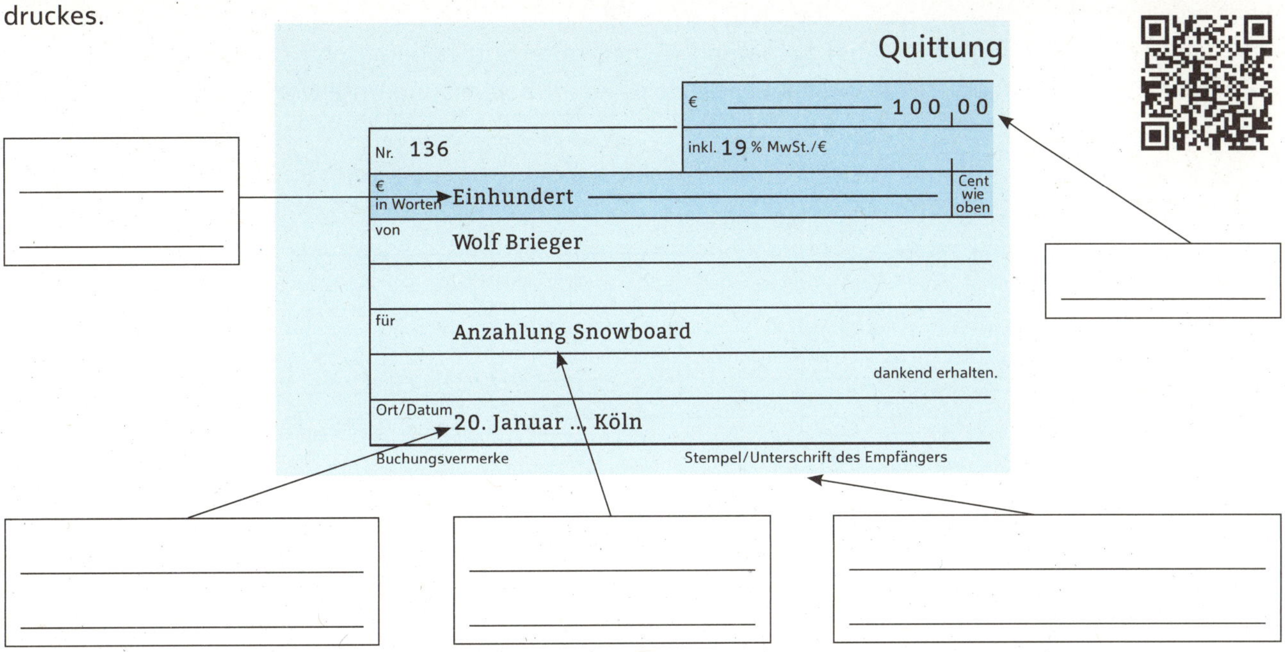

Übung 3.2: Überweisung

Der Mars Elektrofachmarkt e. K. überweist am 8. Januar 20.. der Bürodesign GmbH den ausstehenden Rechnungsbetrag über 15 700,00 €, Rechnungsnummer 4213/01, Rechnungsdatum 4. Januar 20.. Der Lieferer hat ein Konto bei der Deutschen Bank München, BIC: COLSDE33XXX, IBAN: DE11370501980085313948 Die IBAN des Mars Elektrofachmarktes e. K. lautet DE93370502990013600564

Füllen Sie den Überweisungsbeleg vollständig aus.

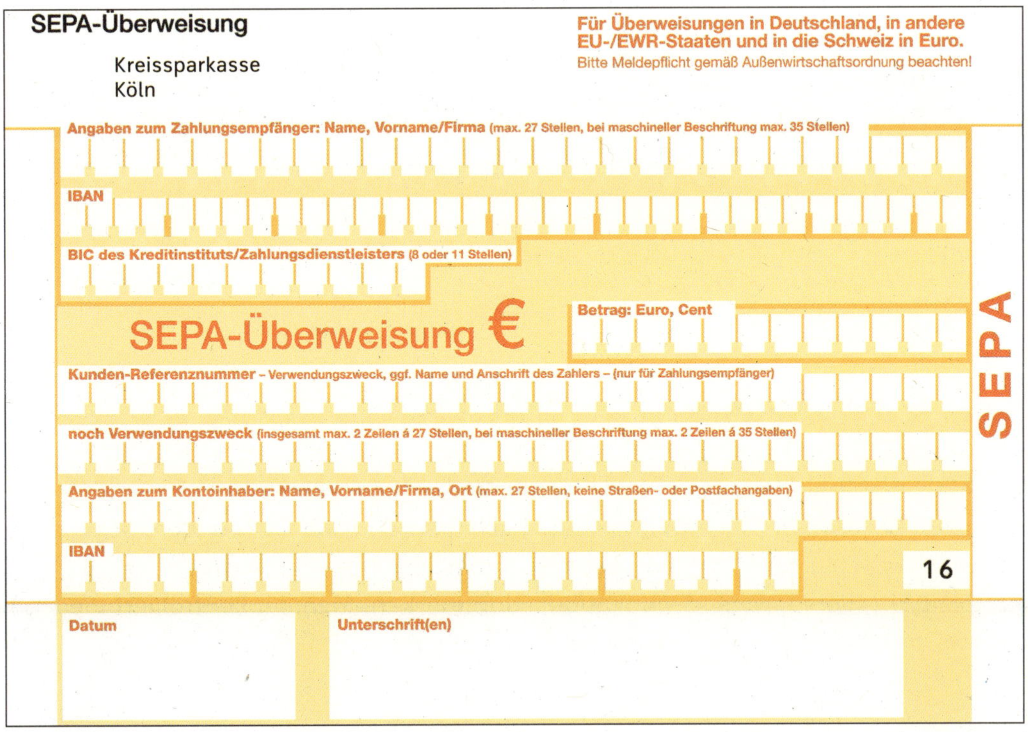

Übung 3.3: Bankauszug

Ordnen Sie die Begriffe dem Kontoauszug zu.

Wertstellungstag – Kontoinhaber – Überziehungskredit – BIC – Bareinzahlung – IBAN – 30. Auszug im Geschäftsjahr – Buchungstag – Auszugsdaten – Scheckgutschrift – Name und Ort des Geldinstituts – Guthaben alter Kontostand – Guthaben neuer Kontostand – Überweisung Unfallversicherung

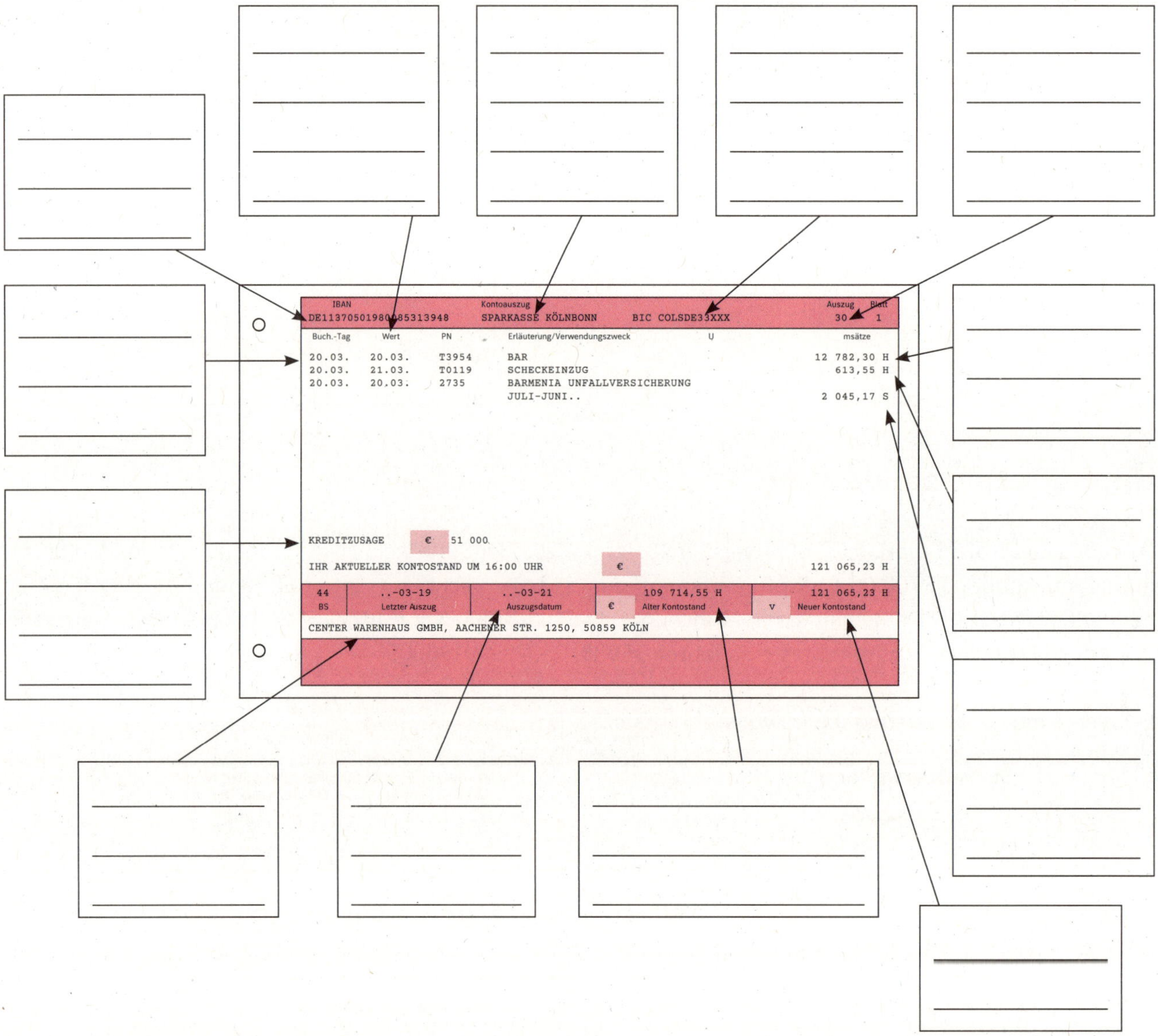

Übung 3.4: Kartenzahlung

Im Mars Elektrofachmarkt e. K. hat Mehmet Aydin ein Verkaufsgespräch über ein Smartphone der neuesten Generation zum erfolgreichen Abschluss gebracht. Der Kunde möchte mit seiner girocard bezahlen. Kein Problem, denkt Mehmet, denn der Fachmarkt bietet girocard Zahlung mit PIN (Persönliche Identifikations-Nummer) an. Mehmet kontrolliert die Ware noch einmal und scannt sie anschließend ein.

a) Bringen Sie den folgenden Ablauf der girocard-Zahlung (ehemals electronic-cash) in die richtige Reihenfolge, indem Sie die Ziffern 1–9 eintragen.

Das Kommunikationsmodul baut die Verbindung zum Provider auf und meldet sich dort für den Datenaustausch an.	______
Das Sicherheitsmodul wird aktiviert und verlangt die Eingabe der Geheimzahl.	______
Ein Eintrag der verwendeten Karte in der Sperrdatei, eine falsch eingegebene Geheimzahl sowie ein Zahlbetrag, der den verfügbaren Finanzrahmen übersteigt, führen dazu, dass die Zahlung nicht autorisiert werden kann.	______
Per Datenaustausch werden über die Kommunikationsverbindung die Plausibilitätsprüfungen durchgeführt.	______
Der Drucker erstellt ein Protokoll über die Zahlung bzw. deren Abweisung. Das Display zeigt Entsprechendes an.	______
Das Kommunikationsmodul meldet sich beim Provider ab und beendet die Verbindung.	______
Der Betrag wird eingegeben.	______
Das Ergebnis „Zahlung erfolgt" garantiert dem Händler (bei rechtzeitiger Einreichung) seine Zahlung.	______
Die Karte wird verlangt und mithilfe des Kartenlesers ausgelesen.	______

b) Nennen Sie je zwei Vor- und zwei Nachteile, die dem Einzelhändler und dem Kunden durch die Zahlung per girocard (ehemals Electronic Cash) entstehen.

	Vorteile	Nachteile
Kunde		
Einzelhändler		

c) Auf dem Display des Kartenlesegerätes erscheint „Zahlung nicht erfolgt“. Das ist Mehmet in dieser Woche schon öfter passiert. Die Zahlung eines Kunden mit „girocard“ kann nicht durchgeführt werden. Mehmet ist die Situation sehr unangenehm. Beschreiben Sie, wie Sie sich in dieser Situation sinnvoll verhalten könnten.

d) Der Kunde hat nicht ausreichend Bargeld dabei und bietet Mehmet an, mit einer Kreditkarte „American Express“ zu zahlen. Mehmet erkundigt sich bei seiner Kollegin Toyah Quirl, ob er die Zahlung mit der Kreditkarte akzeptieren dürfe. Toyah stimmt zu und zeigt ihm die Vorgehensweise bei einer Zahlung mit einer Kreditkarte.

Erläutern Sie die Schritte zur Abwicklung eines Kreditkartengeschäftes.

e) Erläutern Sie, warum der Anteil der Einzelhändler, die Kreditkarten akzeptieren, in Deutschland noch nicht sehr groß ist.

Übung 3.5: Funktionen der girocard

Erklären Sie die Logos, die auf einer girocard abgedruckt sein können.

Logo	Funktion der girocard
girocard	
maestro.	
GeldKarte	
girogo	

Übung 3.6 Mobile Zahlungssysteme

Gerade für kleine Händler lohnt es sich nicht immer, ein eigenes Terminal für die Kartenzahlung anzuschaffen. „Mobile Payment“-Anbieter wie Payleven, SumUp oder iZettle haben Hard- und Software-Lösungen entwickelt, um auch für kleine bzw. wachsende Unternehmen die Kartenzahlung zu ermöglichen. Voraussetzung ist hierbei lediglich ein Smartphone oder auch ein Tablet, die in eine mobile Kasse verwandelt werden können.

a) Recherchieren Sie im Internet zum Thema „Mobile Payment“. Sammeln und notieren Sie Informationen zu einem Anbieter für mobile Zahlungssysteme mit dem Smartphone bzw. Tablet-PC.

Tauschen Sie sich in der Lerngruppe auf der Grundlage Ihrer Ergebnisse über die Möglichkeiten des „Mobile-Payment“ aus.

b) Die folgenden Schaubilder zeigen die Ergebnisse einer Befragung zur Nutzung von „Mobilem Bezahlen (Mobile Payment)“ in Deutschland in den Jahren 2017 bis 2019. Fassen Sie die wichtigsten Informationen des Schaubildes in eigenen Worten zusammen.

Mobile Payment in Deutschland

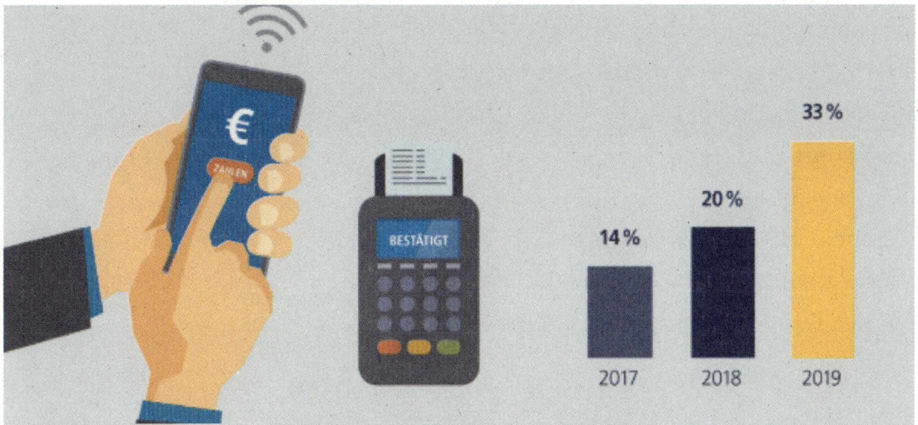

Gründe gegen die Nutzung

52 %	Ich habe Bedenken, dass jemand mir die Karte bzw. das mobile Gerät entwendet, mit dem mobiles Bezahlen möglich ist.
23 %	Ich kenne mich mit den verschiedenen Möglichkeiten und Anwendungen zu wenig aus.
20 %	Aus meiner Sicht ist der Handel darauf noch nicht genug vorbereitet.
18 %	Meine Bank hat mich bisher nicht aktiv über die Möglichkeiten informiert.
11 %	Mein Smartphone erfüllt die technischen Anforderungen nicht.
9 %	In meinem Bekanntenkreis ist das noch nicht verbreitet, so dass ich mich nicht aus erster Hand über Erfahrungen austauschen kann.

Quelle für beide Abbildungen : https://www.food-service.de/praxis/gesetze/bezahlmoeglichkeiten-mobiles-bezahlen-verbreitet-sich-weiter-43466

Prüfungsvorbereitung

1. Aufgabe

Ein Kunde kommt mit Ware im Wert von 98,00 € an die Kasse und möchte bezahlen. Er zahlt mit einem 200-Euro-Schein. Bestimmen Sie die richtige Reihenfolge des Kassiervorganges, indem Sie neben die Einzelschritte die Ziffern 1–8 in die Kästchen eintragen.

- Kasse schließen und Kassenbon aushändigen, ☐
- den Rückgeldbetrag nennen und dem Kunden vorzählen, ☐
- die einzelnen Artikel erfassen, ☐
- die Summe des Kaufes ermitteln, ☐
- den 200-Euro-Schein annehmen und auf Echtheit prüfen, ☐
- den 200-Euro-Schein in die Kasse legen, ☐
- dem Kunden den Zahlungsbetrag deutlich nennen, ☐
- den Geldschein des Kunden in den Geldscheinhalter stecken. ☐

2. Aufgabe

Im Center Warenhaus arbeitet man mit elektronischen Datenkassen, die in das Warenwirtschaftssystem des Unternehmens eingebunden sind. Dabei wird das „Price-Look-Up (PLU)“-Verfahren eingesetzt. Stellen Sie fest, wie dieses Verfahren funktioniert.

1. Beim Scannen wird der im Strichcode verschlüsselte Preis der Ware erkannt und auf dem Kundendisplay angezeigt. ☐
2. Bei diesem Verfahren müssen die Ziffern unter dem Strichcode zusätzlich manuell eingegeben werden. ☐
3. Durch dieses Verfahren sind die Preise immer auf dem aktuellsten Stand, da sie bei Sonderaktionen Preisänderungen automatisch eingearbeitet werden. ☐
4. Anhand des EAN/GTIN-Balkencodes werden Einzelpreis und Artikelbezeichnung im Warenwirtschaftssystem gesucht und an die Kasse gesendet. ☐
5. Beim Scannen werden die Ziffern des EAN/GTIN-Balkencodes (Europäische Artikel-Nummer) erfasst, die den Verkaufspreis enthalten. ☐

3. Aufgabe

Das Center Warenhaus öffnet um 9:00 Uhr und Sie sind ab diesem Zeitpunkt zum Kassieren eingeteilt. Welche **zwei** vorbereitenden Maßnahmen sollten Sie unbedingt treffen, damit eine optimale Abwicklung des Kassiervorganges gewährleistet ist?

1. Sie öffnen die Eingangstüren des Warenhauses pünktlich um 9:00 Uhr. ☐
2. Sie erkundigen sich bei der Bank über den aktuellen Dollar-Kurs, da in der letzten Woche mehrfach Kunden mit Dollar-Reiseschecks bezahlt haben. ☐
3. Sie räumen in den Gängen zwischen den Warenregalen auf und entfernen Kartons und Paletten. ☐
4. Sie prüfen die Kassenrolle und legen Ersatzkassenrollen sowie wichtige Vordrucke wie Quittungen bereit. ☐
5. Sie erfragen bei der Abteilungsleitung, aus welchem Grund reduzierte Ware als Sonderangebot herausgegeben wird. ☐
6. Sie sorgen für einen ausreichenden Bestand an Wechselgeld in der Kasse. ☐

4. Aufgabe

Nennen Sie vier wichtige kundenorientierte Verhaltensregeln an der Kasse.

5. Aufgabe

Die Auszubildende Sabine Freund erhält von einem Kunden an der Kasse der Sportabteilung einen falschen 50-Euro-Schein. Wie verhält sie sich richtig?

1. Sie macht dem Kunden den Vorschlag, sein Falschgeld bei der Bank einzulösen. ☐
2. Sie bittet den Kunden, mit echtem Geld zu bezahlen, nachdem sie den falschen 50-Euro-Schein vernichtet hat. ☐
3. Sie verständigt umgehend die Geschäftsleitung. ☐
4. Sie gibt dem Kunden den falschen Geldschein zurück und fordert ihn auf, mit einem echten 50-Euro-Schein zu zahlen. ☐
5. Sie macht dem Kunden den Vorwurf, dass er mit „Blüten" handelt. ☐

6. Aufgabe

Im Center Warenhaus werden Scannerkassen eingesetzt. Welchen Nachteil kann das Kassieren mit Scannerkasse haben?

1. Preisänderungen müssen für jeden Artikel eingegeben werden. ☐
2. Falls ein EAN/GTIN-Code Beschädigungen aufweist, muss die EAN/GTIN von der Kassiererin manuell eingegeben werden. ☐
3. Es ist keine Umsatzermittlung für einzelne Artikel möglich. ☐
4. Der Preis muss an jedem Artikel auszeichnet werden. ☐
5. Für jeden einzelnen Artikel muss der Preis beim Kassiervorgang manuell eingegeben werden. ☐

7. Aufgabe

Was versteht man unter dem Begriff „Geschäftsfähigkeit"?

1. Ein Handelsgeschäft zu führen. ☐
2. Träger von Rechten und Pflichten zu sein. ☐
3. Rechtsgeschäfte selbstständig und rechtswirksam abschließen zu können. ☐
4. Träger von Rechten und Pflichten zu sein. ☐
5. Vor Gericht zu klagen oder verklagt zu werden. ☐

8. Aufgabe

In welchen der angegebenen Fälle kann ein Lieferant der Center Warenhaus GmbH einen bereits abgeschlossenen Kaufvertrag wieder rückgängig machen?

1. Wenn der Lieferant in Lieferschwierigkeiten gerät. ☐
2. Wenn der Kaufvertrag nur mündlich abgeschlossen wurde. ☐
3. Wenn der Lieferant erfährt, dass der Mars Elektrofachmarkt e. K. seine Zahlungsfristen selten einhält. ☐
4. Wenn nach dem Abschluss des Kaufvertrages die Preise gestiegen sind. ☐
5. Wenn der Lieferant feststellt, dass im Angebot versehentlich anstatt 200,00 € nur 20,00 € als Stückpreis angegeben wurden. ☐

9. Aufgabe

Ein Lieferer der Center Warenhaus GmbH legt seinen Angeboten die abgebildeten allgemeinen Geschäftsbedingungen (AGB) vor. Welche Zielsetzung steht hinter Punkt 5 dieser AGB?

1. Der Lieferer bleibt auch nach der Lieferung Besitzer der Ware. ☐
2. Für den Lieferer besteht die Möglichkeit, jederzeit vom Kaufvertrag zurückzutreten. ☐
3. Als Käufer werden Sie nach einer Anzahlung Eigentümer der gelieferten Ware. ☐
4. Der Lieferer beabsichtigt, seine Kaufpreisforderungen abzusichern. ☐
5. Durch die Anzahlung wird der Käufer zum Eigentümer der gelieferten Ware. ☐

§

5. Eigentumsvorbehalt

5.1 Der Lieferer behält sich das Eigentum an den gelieferten Waren bis zur vollständigen Bezahlung des Kaufpreises sowie bis zur Bezahlung aller früheren und zukünftigen Warenlieferungen vor.

10. Aufgabe

Prüfen Sie, welches Rechtsgeschäft nichtig ist.

1. Die 15-jährige Carolin kauft eine DVD für 17,00 € von ihrer Ausbildungsvergütung. ☐
2. Der 11-jährige Hannes kauft von seinem 6-jährigen Freund Karl ein PC-Spiel. Den Kaufpreis von 7,00 € bezahlt er von seinem Taschengeld. ☐
3. Die 19-jährige Hanna kündigt ihren Ausbildungsvertrag schriftlich. ☐
4. Der 6-jährige Fynn bekommt von seinem Opa 100,00 € zum Geburtstag geschenkt. ☐
5. Die 20-jährige Pia kauft sich ohne Einwilligung der Eltern einen hochwertigen Fernseher in zwei Monatsraten. ☐

11. Aufgabe

Entscheiden Sie, für welche zwei Verträge das Gesetz die Schriftform vorschreibt.

1. Schenkungsvertrag ☐
2. Kaufvertrag ☐
3. Ratenkaufvertrag ☐
4. Ausbildungsvertrag ☐
5. Leihvertrag ☐
6. Werklieferungsvertrag ☐

12. Aufgabe

Beurteilen Sie, in welchem Fall ein Kaufvertrag vorliegt.

1. Der Geschäftsführer eines Schuhgeschäftes vereinbart mit einem benachbarten Einzelhändler die Nutzung leerer Lagerräume. ☐
2. Die Angestellte Anita Groß schließt einen Leasingvertrag über ein Auto ab. ☐
3. Der Inhaber eines Supermarktes will seinen Fuhrpark erweitern und prüft ein vorliegendes Angebot vom Autohändler. ☐
4. Ein Auszubildender verpflichtet sich zur Arbeitsleistung in seinem Ausbildungsbetrieb. ☐
5. Eine Kundin erwirbt mit dem Kauf einer CD das Recht, das darauf befindliche Computerprogramm auf ihrem PC zu nutzen. ☐

13. Aufgabe

Stellen Sie fest, welche Aussage über Besitz und Eigentum richtig ist.

1. Der gutgläubige Käufer erwirbt in der Regel das Eigentumsrecht an gestohlenen Waren. ☐
2. Die Eigentumsübertragung an beweglichen Sachen erfolgt in der Regel durch Einigung und Übergabe. ☐
3. Besitz ist die rechtliche Gewalt über eine Sache, Eigentum ist die tatsächliche Gewalt über eine Sache. ☐
4. Der Eigentumsvorbehalt ist eine Vereinbarung, durch die der Erwerber zunächst nur die rechtliche Gewalt über eine Sache erwirbt. ☐
5. Bei der Eigentumsübertragung an unbeweglichen Sachen sind in der Regel keine Formvorschriften zu beachten. ☐

14. Aufgabe

Prüfen Sie, in welchem Fall es sich um ein einseitiges Rechtsgeschäft handelt.

1. Die Center Warenhaus GmbH schenkt einem Jubilar einen Präsentkorb. ☐
2. Die Center Warenhaus GmbH nimmt ein Darlehen bei der Bank auf. ☐
3. Die Center Warenhaus GmbH bestellt 10 Laptops bei einem Lieferanten. ☐
4. Die Center Warenhaus GmbH stellt einen Auszubildenden zum Verkäufer ein. ☐
5. Die Center Warenhaus GmbH kündigt ihrem Auszubildenden in der Probezeit. ☐

15. Aufgabe

Welche Zahlungsverfahren wird das Center Warenhaus seinen Kunden anbieten, wenn die Entscheidung aufgrund der Höhe der Bankgebühren getroffen wird?

1. ELV ☐
2. Electronic Cash ☐
3. Geldkarte ☐
4. Maestro ☐

Kartenzahlung: Was die Akzeptanz der girocard kostet

Verfahren	Bankgebühren	Legitimation	Sperrabfrage	Zahlungsgarantie
ELV	keine	Unterschrift	nein	nein
Zahlung mit girocard/PIN	0,3 % vom Umsatz, min. 0,08 €	PIN	ja	ja
Geldkarte	0,3 % vom Umsatz, min. 0,01 €	Prüfung des Chips	nein	ja
Maestro	0,95 % vom Umsatz	PIN	ja	ja

16. Aufgabe

4 012345 003154

Die Praktikantin Eva fragt Sie beim Auspacken einer Lieferung, ob man an der EAN/GTIN (s. Abbildung) erkennen kann, dass dieser Artikel in Deutschland hergestellt worden sei.

Geben Sie der Praktikantin die richtige Antwort.

1. Die EAN/GTIN gibt keine Auskunft über das Herkunftsland. ☐
2. Die ersten zwei Ziffern geben das Herkunftsland an. ☐
3. Die EAN/GTIN gibt verschlüsselt an, aus welcher Region der Artikel kommt. ☐
4. Die EAN/GTIN gibt nur an, dass das Produkt aus einem EU-Land stammt. ☐
5. Diese EAN/GTIN hat 13 Ziffern, die Ware stammt daher aus Deutschland. ☐

17. Aufgabe

Eine Kundin kauft im Center Warenhaus eine Handtasche und möchte mit girocard und PIN-Eingabe bezahlen. Bringen Sie die notwendigen Arbeitsschritte in die richtige Reihenfolge.

1. Die Bank bucht vom Konto des Kartenbesitzers ab. ☐
2. Sie bekommen die girocard und stecken diese ins Lesegerät. Der Kunde gibt den PIN ein. ☐
3. Sie überreichen dem Kunden die Ware und den Kassenbon. ☐
4. Das Center Warenhaus erhält von der Bank die Gutschrift auf dem Geschäftskonto. ☐
5. Die Autorisierungsstelle prüft die girocard. ☐

18. Aufgabe

Der Kunde möchte seine Ware mit einer girocard bezahlen. Beschreiben Sie den Kassiervorgang!

____

____

____

19. Aufgabe

Nennen Sie je zwei Vorteile der Zahlung mit girocard für den Kunden und die Center Warenhaus GmbH.

Vorteile für den Kunden:

____

____

____

Vorteile für die Center Warenhaus GmbH:

____

____

20. Aufgabe

Von mehreren Kunden erfahren Sie während Ihrer Tätigkeit an der Kasse, dass diese sich die Einführung einer Kundenkarte bei der Center Warenhaus GmbH wünschen würden. Nennen Sie zwei Vorteile einer Kundenkarte für das Warenhaus.

____

____

____

21. Aufgabe

Der Kunde Robert Schumann kauft Lebensmittel ein und möchte mit der unten abgebildeten Karte bezahlen. Was müssen Sie bei der Annahme der Karte beachten?

1. Die Karte muss mit einem Geldbetrag „geladen“ sein, sonst ist keine Zahlung möglich. ☐

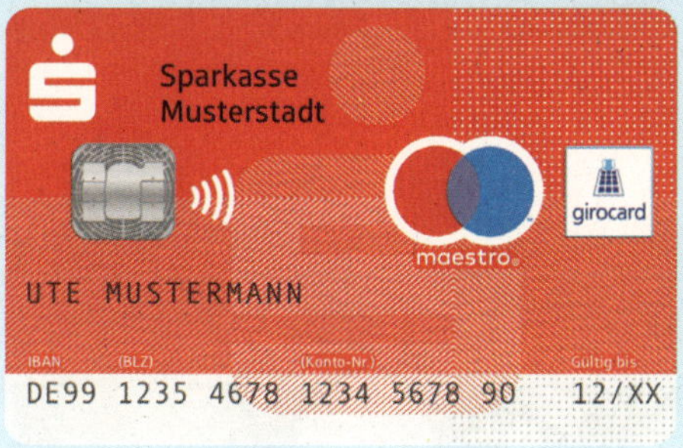

2. Das Maestro-Zeichen garantiert, dass der zu zahlende Betrag auch bei fehlender Deckung des Kundenkontos Ihrem Unternehmen gutgeschrieben wird. ☐
3. Die Gültigkeitsdauer der Karte läuft ab, deshalb sollten Sie diese nicht mehr akzeptieren. ☐
4. Beim Einsatz dieser Karte im Lastschriftverfahren müssen Sie auf die Unterschrift achten. ☐
5. Karten mit dem Maestro-Zeichen dürfen Sie nur akzeptieren, wenn der Kunde beim Bezahlen seine PIN eingibt. ☐

22. Aufgabe

In der Center Warenhaus GmbH werden Kreditkarten von unterschiedlichen Kreditkarten-Anbietern akzeptiert. Welche Besonderheit trifft auf die Zahlung mit der Kreditkarte zu?

6. Bei Kreditkartenzahlungen verrechnet der Elektrofachmarkt eine umsatzabhängige Bearbeitungsgebühr. ☐
7. Bei der Annahme von Kreditkarten sind die Mitarbeiter verpflichtet, nur Kaufsummen über 400,00 € zu akzeptieren. ☐
8. Die Kunden sind verpflichtet, ihren Personalausweis oder ein anderes gültiges Dokument vorzulegen. ☐
9. Bei der Abrechnung des Elektrofachmarktes mit der Kreditorganisation wird ein festgelegter Prozentsatz von der Kaufsumme abgezogen. ☐
10. Bei Bezahlung mit Kreditkarte dürfen die Kunden zusätzlich Skonto abziehen. ☐

23. Aufgabe

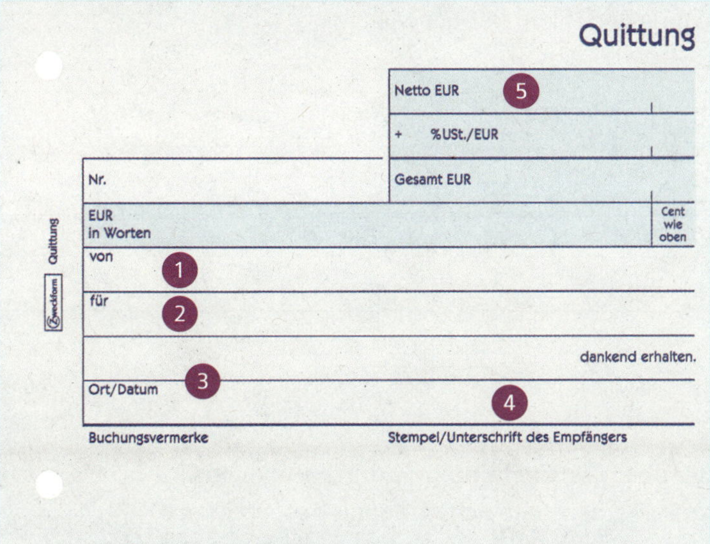
Quittung
Netto EUR (5)
+ %USt./EUR
Nr.
Gesamt EUR
EUR in Worten
Cent wie oben
von (1)
für (2)
dankend erhalten.
Ort/Datum (3)
(4)
Buchungsvermerke
Stempel/Unterschrift des Empfängers

Ein Kunde kauft in Ihrem Ausbildungsunternehmen Ware im Wert von 200,00 € und bittet um eine Quittung. Geben Sie an, an welcher Stelle (Position 1–5) der Name des Kunden einzutragen ist. ☐

Waren präsentieren

Lernsituation 1: Die Verkaufswirksamkeit von Schaufenstern beurteilen

Sabine räumt gerade ein Schuhregal auf, als Frau Gutowski, ihre Abteilungsleiterin in der Sportabteilung, mit einem aufmunternden Lächeln auf sie zukommt.

Frau Gutowski: *„Hallo Sabine, ich habe gerade mit unserem Dekorateur telefoniert. Er wird am Samstag in einer Woche ein Schaufenster mit Artikeln aus der Sportabteilung neu dekorieren. Leider ist seine Auszubildende, die ihm dabei zur Hand gehen sollte, längerfristig erkrankt. Nun braucht er einen Ersatz, und da ich weiß, mit wie viel Freude und Geschicklichkeit du hier in der Abteilung neu dekorierst, habe ich ihm vorgeschlagen, dass du für seine Auszubildende einspringen kannst."*

Sabine: *„Super, das ist eine tolle Idee. So eine Aufgabe hat mich schon immer gereizt."*

Frau Gutowski: *„Schön! Ach ja, er sagte noch, du solltest dir ein paar Gedanken machen zu den Artikeln, die ausgestellt werden sollen. Das Thema lautet: ‚Fit in den Frühling'. Du kennst dich ja in unserem Sortiment besser aus als er."*

Sabine fragt sich, ob sie für diese Aufgabe genug Wissen mitbringt, und beschließt, sich in der Kölner City einige gut gelungene Schaufenster genauer anzusehen.

Beschreibung und Analyse der Situation

Erinnern Sie sich an ein Schaufenster, das Ihre Aufmerksamkeit auf sich gezogen hat. Worin bestand Ihrer Ansicht nach sein besonderer Reiz? Notieren Sie Ihre Gedanken in Stichworten.

Planen und Durchführen I

a) Informieren Sie sich mithilfe Ihres Lehrbuches über die Gestaltung von Schaufenstern. Entwickeln Sie anschließend eine Checkliste, anhand derer Sie Schaufenster beschreiben und ihre Verkaufswirksamkeit überprüfen können.

Checkliste Schaufenster

I. Allgemeine Angaben

II. Gestalterische Aspekte

Kriterien	Anforderung wird erfüllt.	Anforderung wird nicht erfüllt. (Beschreibung des Mangels in Stichworten)
	+ 0 –	
	+ 0 –	
	+ 0 –	
	+ 0 –	
	+ 0 –	
	+ 0 –	
	+ 0 –	
	+ 0 –	
	+ 0 –	

III. Schaufensterpflege

Kriterien	Anforderung wird erfüllt.	Anforderung wird nicht erfüllt. (Beschreibung des Mangels in Stichworten)
	+ 0 –	
	+ 0 –	
	+ 0 –	
	+ 0 –	
	+ 0 –	
	+ 0 –	

b) Stellen Sie Ihre Checkliste in der Klasse vor. Gehen Sie dabei sowohl auf die aufgenommenen Kriterien als auch auf die Gliederung Ihrer Checkliste ein.

Bewerten I

Geben Sie den vortragenden Gruppen ein Feedback. Stellen Sie die gelungenen Aspekte der Checklisten heraus und unterbreiten Sie konstruktive Vorschläge zur Verbesserung der Schwachstellen. Halten Sie wichtige Ergebnisse des Feedbacks schriftlich fest.

Lernergebnisse sichern I

Überarbeiten und ergänzen Sie Ihre Checklisten, indem Sie die Anregungen Ihrer Mitschüler/-innen aufgreifen.

Planen und Durchführen II

a) Besuch eines Stadtzentrums.
Der Erkundungsauftrag lautet: Wie werden die in unseren Checklisten festgelegten Kriterien in der Realität umgesetzt?

Folgendes Arbeitsmaterial wird benötigt:
- **Smartphone oder Kamera,**
- **Schreibblock, Schreibgerät,**
- **Checklisten.**

Wählen Sie mindestens **vier** Schaufenster aus, mit denen Sie sich beschäftigen möchten. Fotografieren Sie dann die von Ihnen ausgewählten Beispiele und bewerten Sie sie anhand Ihrer Checklisten.

b) Gestalten Sie einen Kurzvortrag zu den Ergebnissen Ihrer Erkundung.
Nutzen Sie dazu das erstellte Bildmaterial ebenso wie Ihre Notizen/Checklisten.

c) Präsentieren Sie die Ergebnisse Ihrer Schaufenstererkundung in der Klasse.

Bewerten II

Führen Sie alle Gruppenergebnisse in der nachfolgenden Übersicht zusammen, um zu einem Gesamtergebnis für das besuchte Stadtzentrum zu gelangen.

Bewertung	Anzahl	Wirkung auf die Passanten/potenziellen Kunden
Geschäfte, deren Schaufenster einen positiven Eindruck hinterlassen		
Geschäfte, deren Schaufenster kleinere Mängel/Schwächen aufweisen		
Geschäfte, deren Schaufenster zahlreiche Mängel/Schwächen aufweisen		

Empfehlungen:

____

____

____

____

____

____

____

Lernergebnisse sichern II

Leiten Sie aus dem, was Sie bei der Erkundung zum Thema „Schaufenstergestaltung" gelernt haben, Maßnahmen ab, die Sie zukünftig in Ihrem Ausbildungsbetrieb anregen bzw. umsetzen möchten.

____

____

____

____

____

____

Übung 1.1: Die Preisangabenverordnung

a) Der Gesetzgeber hat in der sogenannten **Preisangabenverordnung** (PAngV) genau festgelegt, welche Informationen ein Preisschild enthalten muss. Diese Vorschriften hat er zum Schutz der Endverbraucher erlassen.

Auszug aus der PAngV:

§

§ 1
Grundvorschriften

(1) Wer Letztverbrauchern gewerbs- oder geschäftsmäßig oder regelmäßig in sonstiger Weise Waren oder Leistungen anbietet oder als Anbieter von Waren oder Leistungen gegenüber Letztverbrauchern unter Angabe von Preisen wirbt, hat die Preise anzugeben, die einschließlich der Umsatzsteuer und sonstiger Preisbestandteile zu zahlen sind (Endpreise). Soweit es der allgemeinen Verkehrsauffassung entspricht, sind auch die Verkaufs- oder Leistungseinheit und die Gütebezeichnung anzugeben, auf die sich die Preise beziehen. [...]

§ 2
Grundpreis

(1) Wer Letztverbrauchern gewerbs- oder geschäftsmäßig oder regelmäßig in sonstiger Weise Waren in Fertigpackungen, offenen Packungen oder als Verkaufseinheiten ohne Umhüllung nach Gewicht, Volumen, Länge oder Fläche anbietet, hat neben dem Endpreis auch den Preis je Mengeneinheit einschließlich der Umsatzsteuer und sonstiger Preisbestandteile (Grundpreis) in unmittelbarer Nähe des Endpreises gemäß Absatz 3 Satz 1, 2, 4 oder 5 anzugeben. [...]

Notieren Sie, mit welchen Angaben der Einzelhändler alle Waren laut PAngV versehen muss:

§ 1
Grundvorschriften

(6) Die Angaben nach dieser Verordnung müssen der allgemeinen Verkehrsauffassung und den Grundsätzen von Preisklarheit und Preiswahrheit entsprechen. Wer zu Angaben nach dieser Verordnung verpflichtet ist, hat diese dem Angebot oder der Werbung eindeutig zuzuordnen sowie leicht erkennbar und deutlich lesbar oder sonst gut wahrnehmbar zu machen. Bei der Aufgliederung von Preisen sind die Endpreise hervorzuheben.

§

Außerdem müssen die Preisangaben laut § 1 Absatz 6 auch folgende Bedingungen erfüllen:

b) Entwerfen Sie für einen typischen Artikel aus dem Sortiment Ihres Ausbildungsbetriebes ein Preisschild unter Berücksichtigung der PangV.

c) Stellen Sie Ihr Preisschild in der Klasse vor und überprüfen Sie dieses gemeinsam auf Richtigkeit, Vollständigkeit und Lesbarkeit der Angaben.

Übung 1.2: Schaufenstertypen

Nennen Sie den jeweiligen **Schaufenstertyp**, dem sich die vier abgebildeten Schaufenster zuordnen lassen, und beschreiben Sie stichwortartig die typischen Merkmale.

1. ______________________

Merkmale: ______________________

2. ______________________

Merkmale: ______________________

3. ______________________

Merkmale: ______________________

4. ______________________

Merkmale: ______________________

Übung 1.3: Verkaufsform und Schaufenstertyp

Verkaufsform	Typische Schaufenster	Begründung/Zusammenhang
Selbstbedienung		
Vorwahl/Bedienung		

Übung 1.4: Farben und ihre Wirkung

Ordnen Sie den folgenden Farben ihre möglichen Wirkungen zu (siehe **Lehrbuch, S. 401 f.**) und nennen Sie ein Verwendungsbeispiel bei der Verkaufsraumgestaltung.

Farbe	Mögliche Wirkungen	Anwendungsbeispiel bei der Verkaufsraumgestaltung
rot	positiv: ***erregend, dynamisch, aktiv, kraftvoll*** negativ: ***aggressiv, warnend (Warnschilder)***	***sparsam verwenden in einer Boutique mit hochwertigem Sortiment: z. B. eine Wand rot streichen und mit Spiegelflächen oder Dekorationen gestalten***
orange	positiv: negativ:	
gelb	positiv: negativ:	

Farbe	Mögliche Wirkungen	Anwendungsbeispiel bei der Verkaufsraumgestaltung
grün	positiv: negativ:	
blau	positiv: negativ:	
grau	positiv: negativ:	
schwarz	positiv: negativ:	
weiß	positiv: negativ:	

Übung 1.5: Visual Merchandising

Die beiden nachfolgenden Fotografien zeigen jeweils eine gelungene Umsetzung des Visual-Merchandising-Konzepts. **Identifizieren** und **beschreiben** Sie die auf den Bildern erkennbaren **Elemente** des Visual Merchandisings.

1. Die Warenwelt „Strumpfmode" ist erkennbar abgegrenzt von den anderen Abteilungen. Diese Wirkung wird durch einen breiten Mittelgang sowie die raumhohe Trennwand erzielt.

MÖVE

Übung 1.6: Platzierungsregeln

Wie lassen sich **verkaufsintensive Zonen** besonders gewinnbringend nutzen?

Verkaufsintensive Zonen	Maßnahmen zur optimalen Nutzung
• Regale rechts vom Kundenlauf • Außengänge • Gangkreuzungen • Auflaufflächen	
• Kassenzone	

Welche Maßnahmen können helfen, **verkaufsschwache Zonen** aufzuwerten?

Verkaufsschwache Zonen	Maßnahmen zur Aufwertung
• Eingangsbereich	
• Ecken	
• dunkle Ladenbereiche	
• zu breite und lange Gänge	
• Mittelgänge	

Übung 1.7: Anordnung der Warenträger im Verkaufsraum

a) Fügen Sie die Bezeichnungen für die verschiedenen Platzierungsarten von Warenträgern in die freien Felder der Skizze ein.
b) Stellen Sie pro Platzierungsart je **zwei Vorzüge** dar.
c) Stellen Sie pro Platzierungsart je **zwei Nachteile** dar.
d) Nennen Sie jeweils ein Beispiel für ein Einzelhandelsunternehmen, in dem eine solche Platzierung der Warenträger sinnvoll erscheint.

Verteilung der Warenträger im Geschäftsraum

______________	______________	______________

Vorzüge:	Vorzüge:	Vorzüge:
Nachteile:	**Nachteile:**	**Nachteile:**
Sinnvoll für folgende Betriebsformen:	**Sinnvoll für folgende Betriebsformen:**	**Sinnvoll für folgende Betriebsformen:**

Übung 1.8: "At the supermarket" – Kunden in der Fremdsprache Englisch bedienen

a) Find out the German meaning of the following English words by comparing them with the plan on page 447 in „Ausbildung im Einzelhandel" Band 1.

English	German	English	German
Baby food		ice cream	
bakery		in-store bakery	
beer		information desk	
biscuits		jam	
bread		mineral water	
butcher's		nappies	
cereals		newspaper&tobacco	
champagne		organic	
checkout		pasta	
cheese		pastry	
Chinese		pet food	
coffee		pickles	
cosmetics		soups	
crisps		spices	
dairy products		spirits	
deli		sweets	
eggs		tea	
empties		till	
entrance		tinned fish	
exit		tinned vegetables	
fish		trolleys	
florist's		vegetables	
frozen food		WC/toilet	
hairdresser's		wine	
homewares			
honey			

b) Fill in the English words in the correct place in the empty plan of the supermarket.

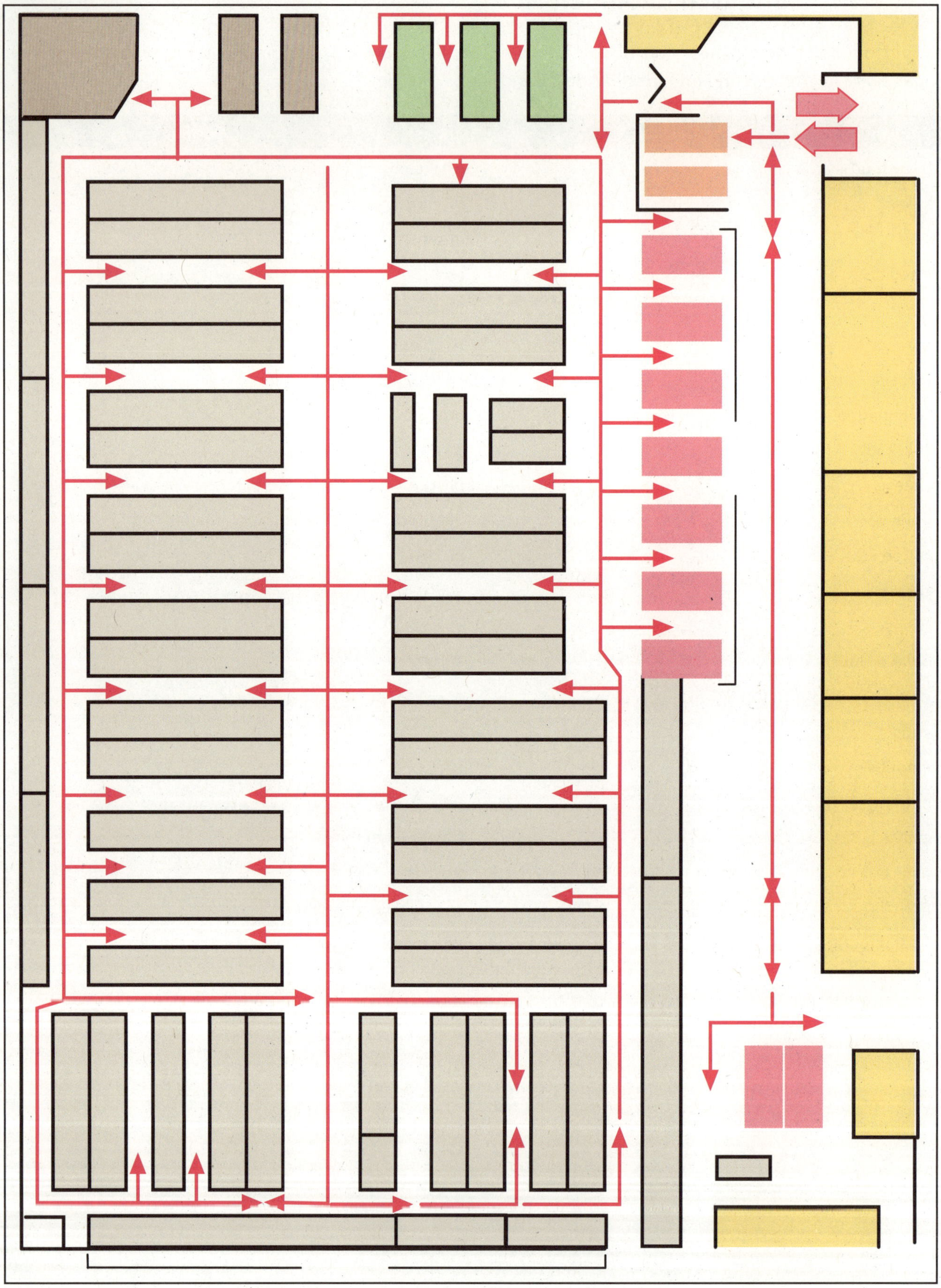

Übung 1.9: Verkaufszonen im Regal

a) Informieren Sie sich über die Bedeutung der Regalzonen für den Verkauf. Nutzen Sie Ihr Lehrbuch und/ oder auch das Internet als Informationsquelle und notieren Sie Ihre Ergebnisse in der nachfolgenden Übersicht.

Vertikales Blickverhalten des Kunden:

Höhe	Regalzone	Wertigkeit

Horizontales Blickverhalten des Kunden:

Regalseite			
Wertigkeit			

b) Wählen Sie aus dem Verkaufsraum Ihres Ausbildungsbetriebes ein Regal aus und legen Sie auf einem DIN-A4-Blatt eine Zeichnung nach dem unten stehenden Muster an.

- Fotografieren Sie einen Regalabschnitt und drucken Sie das Bild mindestens im DIN-A5 Format aus, sodass Sie alle Artikel gut erkennen können.
- Überprüfen Sie anschließend, ob die Belegung der Regalzonen den Grundregeln der Regalbelegung entspricht.
- Unterbreiten Sie gegebenenfalls Vorschläge, mit deren Hilfe das Regal verkaufsaktiver gestaltet werden könnte.

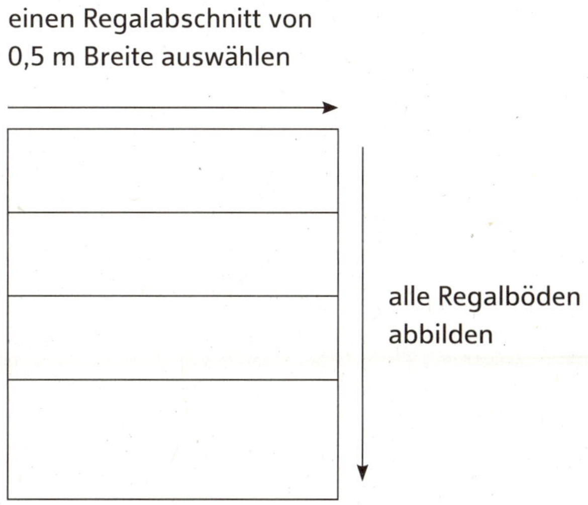

Übung 1.10: Planen einer Regalbelegung

a) Entwerfen Sie einen Regalbelegungsplan für die aufgeführten Artikel und berücksichtigen Sie dabei die vertikale sowie horizontale Wertigkeit verschiedener Regalzonen.

Artikel:

***Lindo:* sehr gut kalkulierter Markenartikel, mittlere, z. T. schwache Nachfrage**
Fiorino 100 g, 7,99 €
Pralinenmischung 200 g 9,99 €
100-g-Tafeln 2,89 € verschiedene Sorten

***Milku:* mittlere Einzelhandelsattraktivität, hohe Nachfrage (Verkaufsrenner)**
100-g-Tafeln 1,19 € verschiedene Sorten
„Montellino“ 100 g, 3,99 €
„I love Milku“-Pralines 150 g, 4,49 €

***Marotti:* kundenattraktiv, da preiswert**
Pralinenmischung 150 g, 4,49 € Pralinenmischung 500-g-Blechdose 9,99 €
100-g-Tafeln 0,99 € verschiedene Sorten

***Tipp:* sehr preiswerte Eigenmarke**
100-g-Tafeln 0,79 €, verschiedene Sorten
Pralinenmischung 200 g, 3,99 €
Pralinenmischung 500 g, 5,99 €

Verwenden Sie bei der Übertragung der Produkte in den Belegungsplan unterschiedliche Farben.

	Linke Regalseite	Regalmitte	Rechte Regalseite
Reckzone			
Sichtzone			
Greifzone			
Bückzone			

b) Beschreiben und begründen Sie Ihre Regalbelegung.

Übung 1.11: Verkaufsfördernde Sonderplatzierungen

Sonderplatzierungen haben die Aufgabe die Aufmerksamkeit der Kunden auf sich zu ziehen und erhöhen so die Chance zum Verkauf der präsentierten Artikel. Informieren Sie sich über die verschiedenen Formen der Sonderplatzierung und nutzen Sie Ihr Lehrbuch als Informationsquelle.

a) Notieren Sie Ihre Ergebnisse in der nachfolgenden Übersicht.

Bezeichnung	Erläuterung	Vorteile
Verbundplatzierung		

b) Nennen und beschreiben Sie Beispiele für den Einsatz der verschiedenen Sonderplatzierungen in Ihrem Ausbildungsbetrieb.

Lernsituation 2: Eine erlebnisorientierte Warenpräsentation gestalten

Die Leiterin der Sportabteilung, Frau Gutowski, bittet Sabine in ihr Büro.

Sabine: *„Guten Tag Frau Gutowski."*

Frau Gutowski: *„Hallo Sabine, schön, dass du gleich vorbeikommen konntest. Ich habe ein kleines Projekt für dich, bei dem du deine Kreativität einbringen kannst. Wie du ja weißt, soll die Präsentationsfläche für Waveboards ausgeweitet werden. Nächste Woche haben wir unsere Teambesprechung, da geht es vor allem um den Umbau der Abteilung und die Frage, wie wir diese Artikelgruppe präsentieren wollen."*

Sabine: *„Wir könnten doch einfach an der Wand mit den Inlinern ein bisschen Platz schaffen."*

Frau Gutowski: *„Hm, ganz so einfach ist das nicht, schließlich wollen wir unsere Kunden ja auf diese neuen Artikel aufmerksam machen, um vom ersten Tag an gute Abverkaufszahlen zu erzielen. Da halte ich es für unklug, wenn wir die neuen Modelle nur zu den anderen stellen. Ich habe mir bereits überlegt, dass wir eine extra Verkaufsfläche von 18 m² mit den Waveboards gestalten. Der Lieferant hat uns angeboten, uns diverse Präsentationshilfen zur Verfügung zu stellen. Da brauchen wir nur Kontakt aufzunehmen."*

Sabine: *„Dann fange ich mal direkt an!"*

Frau Gutowski: *„Nun mal nicht so schnell, zunächst einmal solltest du eine Idee für eine erlebnisorientierte Präsentation erarbeiten, die du uns auf der nächsten Teamsitzung vorstellst."*

Beschreibung und Analyse der Situation

Notieren Sie stichwortartig, wie Sabine an die Lösung der gestellten Aufgabe herangehen sollte bzw. welche zusätzlichen Informationen zur Bewältigung der Aufgabe benötigt werden.

___

___

___

___

___

___

___

Planen und Durchführen

a) Legen Sie gemeinsam fest, welche Arbeitsschritte in welcher Reihenfolge notwendig sind, und tragen Sie diese in die linke Spalte des folgenden Aktionsplanes ein.

Aktionsplan zur Gestaltung einer Erlebniswelt	
①	
②	
③	
④	

Aktionsplan zur Gestaltung einer Erlebniswelt	
⑤	

b) Entwickeln Sie auf der Basis des vorliegenden Aktionsplans ein Konzept für die Präsentation der Waveboards in der Sportabteilung des Center Warenhauses. Nutzen Sie dazu die rechte Spalte des Aktionsplans. Stellen Sie auf einem Plakat dar, wie Sie die Waveboards auf der vorhandenen Fläche präsentieren würden. Beachten Sie dabei auch die Gestaltungsgrundsätze, die Sie bei der Schaufensterdekoration kennengelernt haben (Lehrbuch S. 396).

Grundregeln für die Dekorationsgestaltung

Die alten Ägypter haben es uns vorgemacht: Sie gestalteten ihre Monumente in Form von **Pyramiden**, um Spannung und Aufmerksamkeit zu erzielen. Diese einfache Grundform soll auch das Leitbild für Ihre zukünftigen Dekorationen und Warenaufbauten sein. Der Blickfang wird dabei nicht genau in der Mitte platziert. Vielmehr wird die vorhandene **Fläche** in **1/3** zu **2/3** aufgeteilt und das zentrale Dekorationselement genau auf dieser Linie platziert. Von diesem Blickfang aus werden zunächst größere Waren und weiter nach außen kleinere Waren und Dekorationsgegenstände angeordnet.

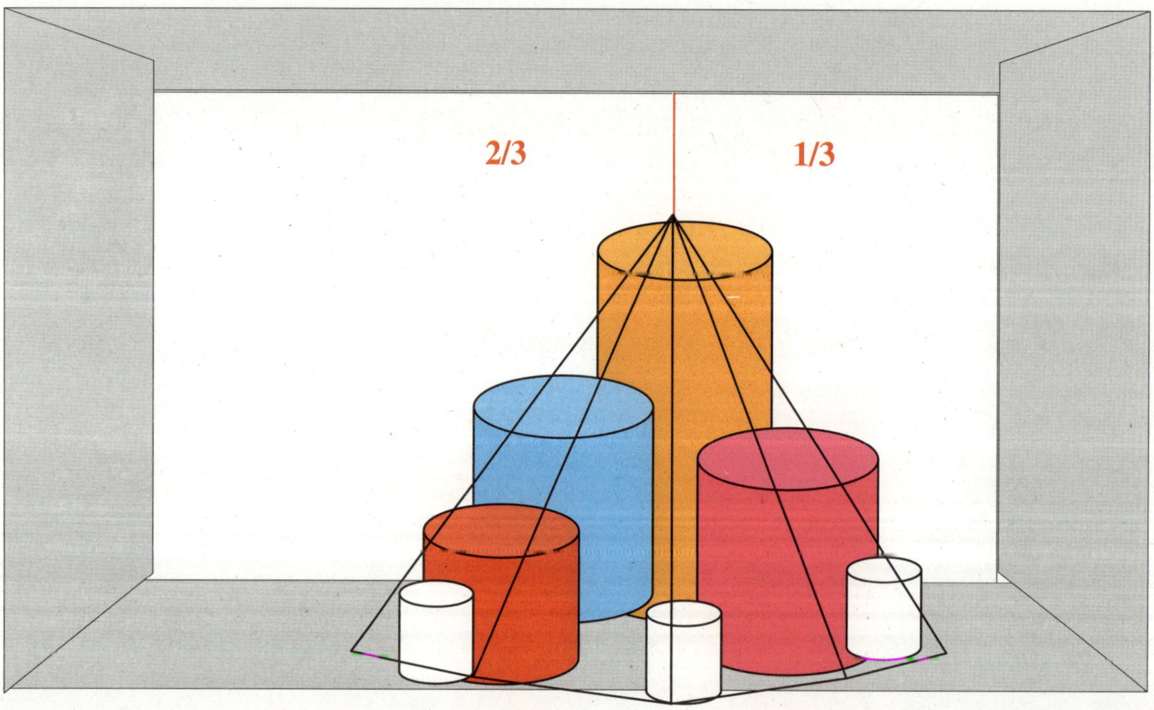

c) Präsentieren Sie Ihre Ergebnisse in der Klasse.

Bewerten

Bewerten Sie die Gruppenvorträge anhand des nachfolgenden Auswertungsbogens.

Bewertungs- und Reflexionsbogen							
Kriterien/Beobachtungsmerkmale	Beurteilungsskala Das Beobachtungsmerkmal wurde erfüllt ... voll und ganz gar nicht						Beobachtung/ Kommentar
	①	②	③	④	⑤	⑥	
	①	②	③	④	⑤	⑥	
	①	②	③	④	⑤	⑥	
	①	②	③	④	⑤	⑥	
	①	②	③	④	⑤	⑥	
	①	②	③	④	⑤	⑥	

Lernergebnisse sichern

Überarbeiten Sie Ihren Aktionsplan, indem Sie die konstruktiven Anregungen Ihrer Mitschüler/-innen aufgreifen und umsetzen.

Übung 2.1: Warenpräsentation für alle Sinne

a) Eine erlebnisorientierte Warenpräsentation bezieht möglichst viele Sinnesorgane ein, um so den Kunden zum Kauf anzuregen.

- Tragen Sie in der folgenden Tabelle in die linke Spalte die fünf menschlichen Sinnesorgane ein.
- Ergänzen Sie in der mittleren Spalte sinnvolle Maßnahmen zur Aktivierung des entsprechenden Sinnesorgans.
- Formulieren Sie ein Anwendungsbeispiel aus der Praxis und tragen Sie es in die rechte Spalte ein.

Sinnesorgan	Anregung erfolgt durch ...	Beispiel für sinnvollen Einsatz

b) Unterbreiten Sie drei Vorschläge mit deren Hilfe in Ihrem Ausbildungsbetrieb die Sinne der Kunden besser angesprochen werden könnten, als es bisher der Fall ist.

1.

2.

3.

Übung 2.2: Gestaltung eines Fascination Points

Planen und skizzieren Sie einen *Fascination Point* mit Artikeln aus dem Sortiment Ihres Ausbildungsbetriebs. Das Thema oder Motto kann sich aus dem Verwendungszweck der Ware oder aus bestimmten Anlässen wie z. B. Feiertagen oder Jahreszeiten ergeben.

Aktionsplan zur Gestaltung eines Fascination Points	
①	
②	
③	
④	
⑤	

Prüfungsvorbereitung

1. Aufgabe

Im Schaufenster wird unter dem Motto „Wintersport“ u.a. ein Pullover als Blickfang dekoriert. Ein auswärtiger Kunde möchte diesen Pullover kaufen. Wie – mit welcher Begründung – verhalten Sie sich kundengerecht? Kreuzen Sie die richtige Lösung an.

1. Sie verkaufen ihm den Pullover, da Schaufensterware als verbindliches Angebot gilt. ☐
2. Sie verkaufen ihm den Pullover nicht, weil dadurch die Dekoration zerstört würde. ☐
3. Sie verkaufen ihm den Pullover, weil Sie den Kunden zufriedenstellen möchten. ☐
4. Sie verkaufen ihm den Pullover nicht, da Schaufensterware nur zur Dekoration dient. ☐
5. Sie verkaufen ihm den Pullover nicht, da der Verkauf nach dem UWG nicht zulässig ist. ☐

Situation zur 2. bis 5. Aufgabe

Wegen des bevorstehenden Weihnachtsgeschäftes soll eine Aktionswoche in der Abteilung „Lederwaren“ durchgeführt werden. Sie sind für die Kontrolle der Warenbestände und für die Präsentation der Aktionsware zuständig.

2. Aufgabe

In einem Schaufenster gibt die Center Warenhaus GmbH einen Überblick über die geführten und vorrätigen Handtaschen und Accessoires des Herstellers „vic“. Wie bezeichnet man dieses Schaufenster? Kreuzen Sie die richtige Lösung an.

1. Themenfenster ☐
2. Stapelfenster ☐
3. Anlassfenster ☐
4. Sortiments- oder Übersichtsfenster ☐

3. Aufgabe

Der Abteilungsleiter beauftragt Sie, eine Handtasche so zu platzieren, dass sie sich schnell verkauft. Wo platzieren Sie die Handtasche richtig? Kreuzen Sie die richtige Lösung an.

1. Sie platzieren die Handtasche in der Reckzone des Regals. ☐
2. Sie platzieren die Handtasche an der linken Seite des Ganges. ☐
3. Sie platzieren die Handtasche in einer sicheren Ecke der Abteilung. ☐
4. Sie platzieren die Handtasche in der Sichtzone des Regals. ☐
5. Sie platzieren die Handtasche hinter einer Säule, die entsprechend der Jahreszeit dekoriert ist. ☐

4. Aufgabe

Sie haben einen Schirm im Schaufenster versehentlich mit 14,00 € anstatt mit 34,00 € ausgezeichnet. Warum müssen Sie diesen Schirm nicht für 14,00 € verkaufen? Kreuzen Sie die richtige Lösung an.

1. Weil die Dekoration nicht von einer Fachkraft erstellt wurde. ☐
2. Weil die Ware im Verkauf nicht mehr vorhanden ist. ☐
3. Weil die Schaufensterauslage kein verbindliches Angebot darstellt. ☐
4. Weil die Ware erst vor wenigen Stunden dekoriert wurde. ☐
5. Weil immer der vom Hersteller empfohlene Preis ausschlaggebend ist. ☐

5. Aufgabe

Der Abteilungsleiter bittet Sie, eine Präsentation zum Thema „Reisen“ zu gestalten. In welchem Fall liegt eine Verbundpräsentation vor? Kreuzen Sie die richtige Lösung an.

1. Bündelung von Koffern, die die gleiche Größe aufweisen. ☐
2. Verbindung eines Koffersets mit einem Sicherheitsetikett. ☐
3. Verbindung eines Koffersets mit einer Serviceleistung. ☐

4. Trolleys in unterschiedlichen Größen sowie farblich abgestimmte Reisetaschen und Beautycases werden gemeinsam präsentiert. ☐
5. Verschiedene Rucksäcke werden an einem Ständer gemeinsam präsentiert. ☐

6. Aufgabe

Bezeichnen Sie die vier Zonen des abgebildeten Regals im nachfolgenden Schema.

Ziffer	Name/Bezeichnung der Regalzone	Wertigkeit (Platz 1–4)	Welche Artikel werden in dieser Regalzone platziert?
1			
2			
3			
4			

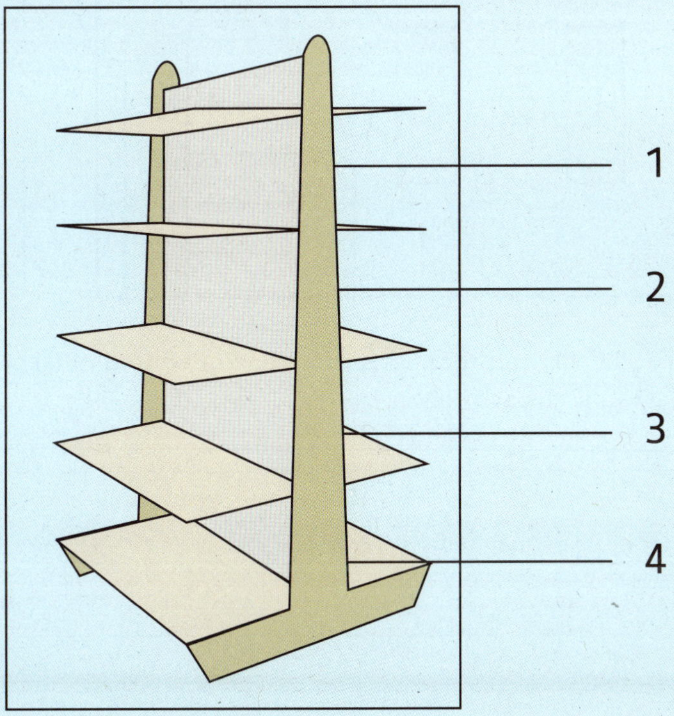

7. Aufgabe

Welche der nachstehenden Informationen müssen nach der **Preisangabenverordnung** auf dem Warenetikett oder auf der Regalauszeichnung enthalten sein?

(1) Gütebezeichnung
(2) Artikelnummer
(3) Verkaufseinheit
(4) EAN/GTIN
(5) Wareneingangsnummer
(6) Bruttopreis

Tragen Sie die Ziffern vor den zutreffenden Informationen in die Kästchen ein.

☐
☐
☐

8. Aufgabe

Der Lebensmitteldiscounter Schlegel KG plant, ein neues Ladenlokal mit einer Verkaufsfläche von 700 m^2 zu eröffnen.

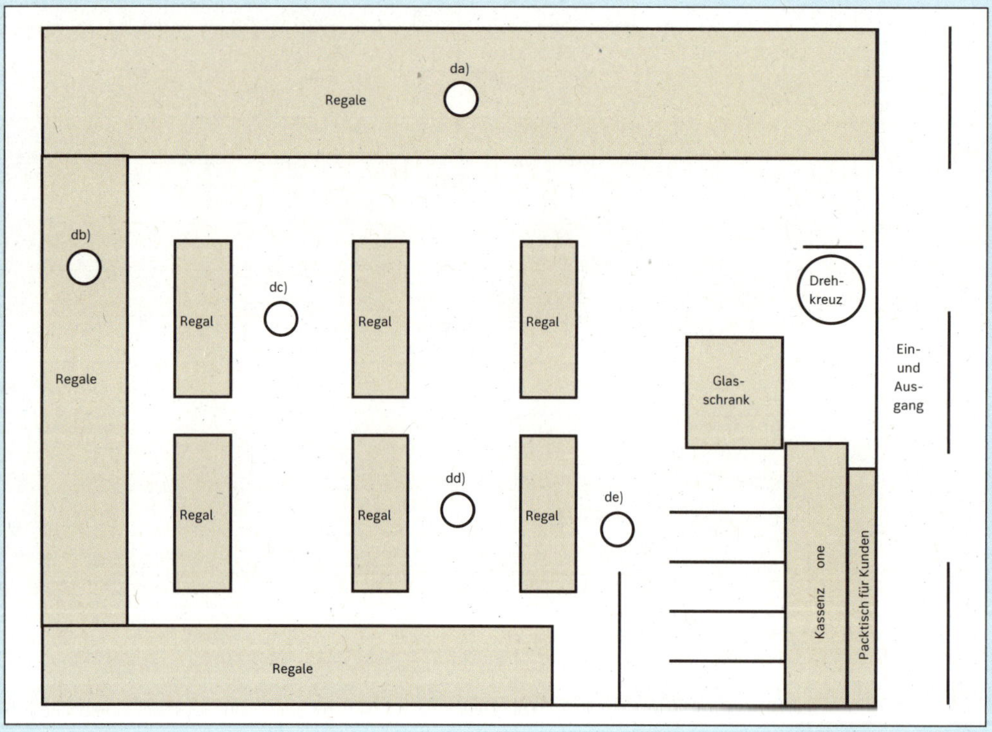

8.1 Benennen Sie die mit „da" bis „de" gekennzeichneten Zonen und entscheiden Sie, welche als verkaufsintensiv bzw. verkaufsschwach gelten.

da) __________

db) __________

dc) __________

dd) __________

de) __________

8.2 Zeichnen Sie den typischen Kundenstrom in den abgebildeten Grundriss ein.

8.3 Stellen Sie für zwei verkaufsintensive Ladenbereiche die Maßnahmen dar, mit deren Hilfe Sie diese optimal nutzen können.

Verkaufsintensiver Ladenbereich/Bezeichnung:

____

____

Maßnahmen zur optimalen Nutzung:

____

____

____

Verkaufsintensiver Ladenbereich/Bezeichnung:

____

Maßnahmen zur optimalen Nutzung:

____

____

____

9. Aufgabe

Welches wesentliche Ziel wird durch die Zweitplatzierung von Waren angestrebt? Kreuzen Sie die richtige Lösung an.

1. Bei Kundenrückfragen nach dem Preis muss der Verkäufer nicht so weit laufen. ☐
2. Der Wareneinsatz erhöht sich, dadurch steigt gleichzeitig der durchschnittliche Lagerbestand. ☐
3. Der Kunde wird an seinen Bedarf erinnert. Gleichzeitig werden Impulskäufe gefördert. ☐
4. Dadurch wird garantiert, dass der Kunde auf seinem Weg durch das Geschäft jeden Artikel sieht. ☐
5. Leer stehende Ladenflächen können so sinnvoll genutzt werden. ☐

10. Aufgabe

Beurteilen Sie die nachfolgenden Aussagen zu den verschiedenen Verkaufszonen im Regal.
Welche Aussagen sind richtig?

1. Die Reckzone gilt als verkaufsaktiv. Hier werden gut kalkulierte Waren sowie Impulsartikel positioniert. ☐
2. Die Sichtzone ist weniger verkaufsaktiv. Hier werden Suchartikel und aufgrund der Höhe auch besonders leichte Artikel angeboten. ☐
3. Die linke Regalseite wird vom Kunden zuletzt wahrgenommen, sodass sie durch Suchartikel aufgewertet werden muss. ☐
4. Als verkaufsschwach gilt die Griffzone. Aus diesem Grunde wird sie mit Massen- und Suchartikeln bestückt. ☐
5. Die Regalmitte ist besonders verkaufsaktiv. Deshalb werden hier in erster Linie gut kalkulierte und neue Artikel platziert. ☐

11. Aufgabe

Ordnen Sie zu, ob es sich in den nachfolgenden Beispielen um Aussagen

(1) zur **Verbundplatzierung**,
(2) zur **Aktionsplatzierung**,
(3) zur **Zweit- und Mehrfachplatzierung** handelt.

a) Durch die erhöhte Anzahl der Warenkontakte soll die Chance auf einen Verkauf gesteigert werden. ☐
b) Diese Platzierung findet im Rahmen einer Werbe- oder Verkaufsförderungsmaßnahme statt. ☐

c) Kunde und Verkäufer werden durch die Präsentation daran erinnert, welche sinnvollen Ergänzungsartikel zu einem Hauptkauf im Sortiment geführt werden. ☐

d) Im Kassenbereich werden zusätzlich zum Standort im Verkaufsraum Süßigkeiten und andere kleine Impulsartikel platziert. ☐

e) Zusammengehörige und sich ergänzende Artikel werden gemeinsam präsentiert, um so die Anzahl der Impulskäufe zu steigern. ☐

12. Aufgabe

Beurteilen Sie die nachstehenden Aussagen zum **Kundenlauf**. Kreuzen Sie die richtigen Antworten an.

a) Der Eingangsbereich gilt als besonders verkaufsaktiv. Deshalb werden hier bevorzugt Impulsartikel präsentiert. ☐

b) Die meisten Kunden gehen auf der rechten Seite des Ganges und greifen bevorzugt nach rechts. ☐

c) Dunkle Ladenbereiche werden durch Suchartikel aufgewertet. ☐

d) Für die Kassenzone bietet sich die Platzierung von Impulsartikeln sowie von preiswerten Kleinartikeln an. ☐

e) Mittelgänge gelten als besonders attraktiv und werden deshalb mit hochwertigen Markenartikeln und Impulsartikeln bestückt. ☐

13. Aufgabe

Im Rahmen der Modernisierung im SB Bereich der Center Warenhaus GmbH werden neue, 1,60 Meter hohe Regale eingesetzt.

13.1 Sie sollen einen neu ins Sortiment aufgenommenen Artikel im Regal verkaufswirksam präsentieren. Geben Sie für einen Artikel Ihrer Wahl die entsprechende Regalzone an und begründen Sie Ihren Vorschlag.

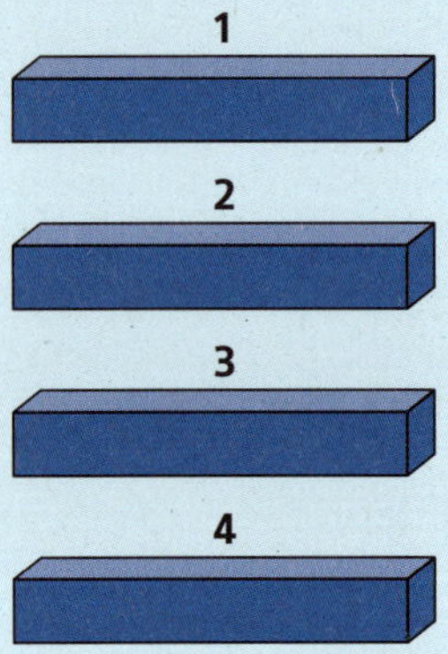

13.2 Bei der Gestaltung der Preisschilder am Regal müssen Sie die Preisangabenverordnung berücksichtigen. Geben Sie 3 Bestimmungen aus dieser Verordnung an.

Werben und den Verkauf fördern

Lernsituation 1: Ziele, Grundsätze und Gegenstände der Werbung unterscheiden

Mehmet surft zu Hause im Internet. Dabei stößt er auf eine Grafik, die sein Interesse weckt:

„Fast 30 Milliarden Euro! Warum“, fragt er sich, „wird so viel Geld für Werbung ausgegeben? Lohnt sich das denn für die Unternehmen?“

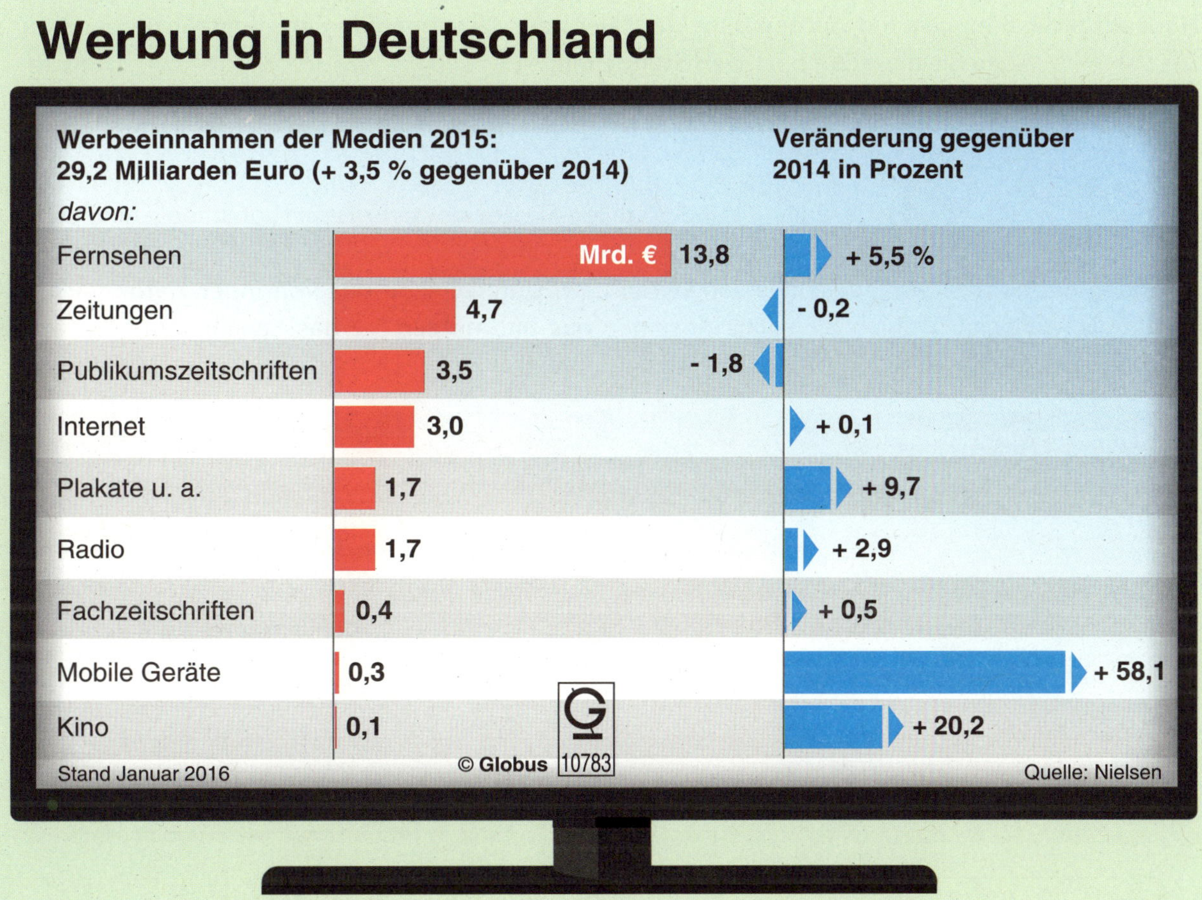

Beschreibung und Analyse der Situation

Sammeln Sie mögliche Gründe, warum Einzelhandelsunternehmen so viel Geld in Werbung investieren.

Hausaufgabe: Sammeln Sie Werbeprospekte, Flyer oder Anzeigen von Einzelhandelsbetrieben und bringen Sie diese zur nächsten Stunde mit.

Planen

Bearbeiten Sie die Arbeitsaufträge 1–4 und erstellen Sie geeignete Präsentationsmöglichkeiten.

1. Finden Sie heraus, welche Gemeinsamkeiten bzw. Unterschiede das von Ihnen mitgebrachte Werbematerial aufweist. Wählen Sie sechs Anzeigen aus und nutzen Sie das Schema zum Festhalten Ihrer Gruppenergebnisse.

Namen der Unternehmen	
1.	4.
2.	5.
3.	6.
Gemeinsamkeiten 1–3	**Gemeinsamkeiten 4–6**
Unterschiede 1–3	**Unterschiede 4–6**

2. Beurteilen Sie, **wofür** die Einzelhandelsunternehmen Werbung betreiben und erläutern Sie Ihre Entscheidung in Stichworten.

3. Nennen und beschreiben Sie in Stichworten die **Ziele**, die Einzelhandelsunternehmen mit ihrer Werbung vermutlich verfolgen.

Ziele der Werbung		
1. Ziel	**2. Ziel**	**3. Ziel**

4. Werbung soll bestimmte **Grundsätze**/Forderungen erfüllen. Informieren Sie sich in Ihrem Lehrbuch über die entsprechenden Inhalte. Wählen Sie aus dem für den Arbeitsauftrag 1 gesammelten Werbematerial **drei** Anzeigen aus. Überprüfen und begründen Sie in Stichworten, inwieweit diese Anzeigen die Forderungen erfüllen.

Grundsätze der Werbung	Anzeige 1	Anzeige 2	Anzeige 3
1.			
2.			

Grundsätze der Werbung	Anzeige 1	Anzeige 2	Anzeige 3
3.			
4.			
5.			

Durchführen und Bewerten

Präsentieren Sie Ihre Arbeitsergebnisse vor der Klasse.

Geben Sie nach jedem Vortrag eine kurze Rückmeldung, der folgende Rückmeldungsbogen kann Ihnen dabei eine Hilfe sein:

Leitfragen	Bewertung in Schulnoten				
	1	2	3	4	5
War die Präsentation hinsichtlich der Aufgabenstellungen umfassend und informativ?					
Waren die Inhalte sachlich richtig?					
War die Rechtschreibung in Ordnung?					
Waren die eingesetzten Präsentationsmedien ansprechend gestaltet?					
Wie sicher hat die/der Vortragende gewirkt?					

Lernergebnisse sichern

Erstellen Sie auf der **folgenden Seite** eine Mindmap mit den Arbeitsergebnissen Ihrer Gruppe.

Übung 1.1: Die Gestaltung der Werbung nach der AIDA-Formel

a) Bei der Gestaltung von Werbemaßnahmen, die bei den Kunden einen Kaufwunsch auslösen sollen, hat sich die AIDA-Formel bewährt. Informieren Sie sich in Ihrem Lehrbuch über die Bedeutung der Abkürzung **„AIDA“** und tragen Sie die Lösung ein.

A =	
I =	
D =	
A =	

b) Auch im Online-Handel wird Werbung nach der AIDA-Formel gestaltet. Nutzen Sie den QR-Code und beschreiben Sie, wie Werbung im Internet nach der AIDA-Formel funktioniert.

c) Überlegen Sie für die folgenden Werbungen, ob und durch welche Gestaltungsmöglichkeiten die AIDA-Formel umgesetzt wird.

	Ihre Überlegungen
	**Werbung für „Post-it® Haftnotizen“:** **Auf dem Zettel steht: „Switch off when you leave!“**
	**Werbung für eine Weinmesse:**

Übung 1.2: Die Arten der Werbung

Entscheiden Sie, um welche Art der Werbung es sich bei den folgenden Bildern oder Beschreibungen handelt. Beschreiben Sie die jeweilige Werbeart kurz in Stichworten.

	Art der Werbung/Stichworte
Ein Stammkunde wird von seinem Einzelhändler angeschrieben und auf eine Aktion hingewiesen.	

Die Werbung für das EKZ Rheinpark war sehr erfolgreich. Alle Unternehmen des EKZ haben teilgenommen und wurden im Rahmen der Werbemaßnahmen genannt.	

Übung 1.3: Werbeformen der Online-Werbung

Die Online-Werbung ist äußerst vielfältig und entwickelt sich ständig weiter. Nutzen Sie den QR-Code, informieren Sie sich über die verschiedenen **Werbeformen** und beschreiben Sie diese stichpunktartig.

Bannerwerbung	
Affiliate Marketing	
Suchmaschinenmarketing	
Social-Media-Marketing	
E-Mail-Marketing	

Lernsituation 2: Einen Werbeplan unter Berücksichtigung des Werbeetats erstellen und Möglichkeiten zur Ermittlung des Werbeerfolgs bestimmen

Sabine Freund, Kerstin Dahm und Mehmet Aydin sitzen wieder einmal zusammen. Sie besprechen eine Mitteilung des Center-Managements, die ihnen durch ihre jeweiligen Geschäftsleitungen übermittelt wurde.

E K Z
RHEINPARK
KÖLN

Wir, das Center-Management des EKZ Rheinpark, haben beschlossen, einen **Wettbewerb** für die Auszubildenden der Berufsbilder Verkäufer/Kaufleute im Einzelhandel aller im EKZ vorhandenen Betriebe durchzuführen.

„Azubis werben für das EKZ!"

Bilden Sie Teams, die gemeinsam ein Werbekonzept für unser EKZ erstellen! Berücksichtigen Sie dabei bitte auch die Onlineshops der Partner Mars Elektrofachmarkt e.K., Lebensmitteldiscount Schlegel KG und Center Warenhaus GmbH.
Es steht Ihnen ein Werbebudget von 15 000,00 € zur Verfügung. Ziel soll sein, weitere Kunden aus dem Umland zu gewinnen und so die Wettbewerbsfähigkeit unseres EKZ am Standort langfristig zu sichern.

Der erste Preis ist eine viertägige Reise für das Team nach New York, sie wird von unserem Reisebüro gesponsert.

Einzelheiten sind im Büro des Center-Managements zu erfahren. Dort liegen für Sie die kompletten Ausschreibungsunterlagen bereit.

„Was haltet Ihr davon?", fragt Sabine, *„ich fände es toll, mitzumachen."* Mehmet ruft sofort: *„Wir machen da nicht nur mit, sondern wir holen uns den ersten Preis! Ich war noch niemals in New York, da will ich unbedingt hin!"*
Kerstin beschwichtigt ihn: *„Klar, ich will auch nach New York, aber wie schaffen wir den ersten Preis? Die anderen Azubis im EKZ werden doch auch darum kämpfen."* Sie diskutieren noch eine ganze Weile, schließlich gehen sie ins Büro des Center-Managements und melden sich als teilnehmendes Team an.

Beschreibung und Analyse der Situation

Überlegen Sie zuerst für sich, dann gemeinsam in Ihrer Gruppe, welche Gegebenheiten das Center-Management des EKZ Rheinpark wohl dazu veranlasst haben, einen solchen Wettbewerb auszurufen. Halten Sie Ihre Gruppenergebnisse im Arbeitsbuch schriftlich fest.[1]

[1] Nutzen Sie für diese Lernsituation den Datenkranz des Lehrbuchs „Ausbildung im Einzelhandel – Band 1", 10. Auflage, Bestellnummer 31070

Planen und Durchführen

1. Entwickeln Sie in Ihrer Gruppe mindestens **sechs** zentrale Fragestellungen, die zur Erstellung eines Werbeplans notwendig sind.

Leitfragen

2. Zur weiteren Arbeit stehen Ihnen die folgenden Informationen zur Verfügung. Werten Sie diese für Ihre Überlegungen aus und verwenden Sie Ihre Ergebnisse im Arbeitsauftrag 3.

Kosten für Werbung

Klassische Bandenwerbung in einem Stadion (kein Laufband)

Die Banden-Flächen sind nur für eine ganze Saison buchbar. Wegen hoher Nachfrage ist weit im Voraus zu buchen. Die Preise sind variabel, da die einzelnen Flächen verschiedene Platzierungsqualitäten haben.

Preise:

1. Liga SV Werder Bremen	2 x 7,00 m x 0,90 m	€ 50000,00 bis € 118000,00
1. Liga VfL Borussia Mönchengladbach	1 x 14,00 m x 1,00 m	€ 95000,00 bis € 110000,00
1. Liga FC Schalke 04	1 x 21,00 m x 1,50 m/1 x 21,00 m x 1,00 m	€ 239000,00

Quelle: www.z-newmedia.de/downloads/z_sheet_bandenwerbung.pdf
letzter Zugriff: 12.09.2016

Buswerbung

Seitenscheiben (Format 42 x 30 cm/DIN A3 quer)
35 Busse = 70 Plakate Wochenpreis 60,00 € + Klebegebühr 15,00 € (alle Plakate)

Teilbeschriftung Normalbus, z. B. Rumpfflächenwerbung, Laufzeit mindestens drei Jahre ohne Folienherstellungskosten. Seitliche Flächen und Heckfläche: Pro Bus monatlich 350,00 €

Ganzbeschriftung Normalbus, Laufzeit mindestens drei Jahre ohne Folienherstellungskosten. Seitenflächen, Heck- und Dachfläche: pro Bus monatlich 700,00 €

Alle Preise zuzüglich der zurzeit gültigen Mehrwertsteuer.

Kosten für Werbung

Handzettel (Flyer)

Die Herstellungskosten für DIN-A5-Flyer, mehrfarbig (zweiseitig bedruckt) betragen für 25 000 Stück 5 000,00 €, ohne Verteilungskosten.

Radiowerbung

Die Kosten für die Produktion eines Radiospots betragen:
- für einen 10-Sekunden-Spot: 1 200,00 €
- für einen 15-Sekunden-Spot: 1 600,00 €
- für einen 30-Sekunden-Spot: 2 000,00 €

Sendekosten:

Spotlänge	Öffentlich-rechtlicher Sender (Hörer je Std.: 750 000)	Lokalsender (Hörer je Std.: 350 000)
10 Sekunden	650,00 € je Schaltung	250,00 € je Schaltung
15 Sekunden	850,00 € je Schaltung	300,00 € je Schaltung
30 Sekunden	1 600,00 € je Schaltung	600,00 € je Schaltung

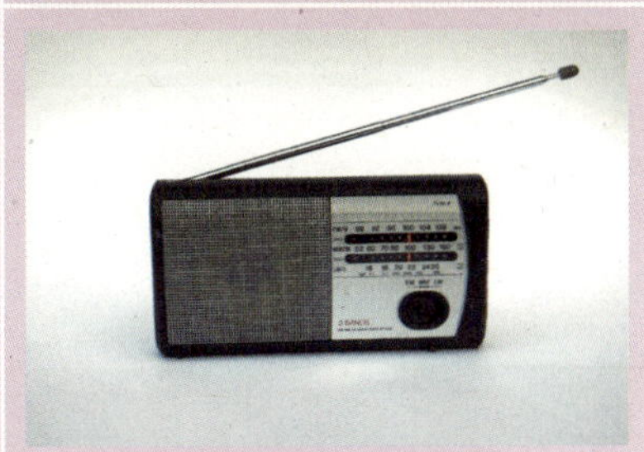

Regionale Tageszeitung (Auflage 350 000)		
Anzeige schwarz-weiß	$^1/_4$ Seite einmalig	2 700,00 €
Anzeige schwarz-weiß	$^1/_2$ Seite einmalig	5 100,00 €
Anzeige schwarz-weiß	1 Seite	9 600,00 €

Eine Zeitungsbeilage in der Tageszeitung kostet 8 500,00 € je Schaltung.

Regionales, wöchentliches Anzeigenblatt (Auflage 100 000)		
Anzeige schwarz-weiß	$^1/_4$ Seite	450,00 €
Anzeige schwarz-weiß	$^1/_2$ Seite	800,00 €
Anzeige schwarz-weiß	1 Seite	1 450,00 €

Verteilung ist im Preis inbegriffen.

Fernsehwerbung

Die Produktionskosten eines 30-Sekunden-Spots betragen ca. 32 000,00 €. Die Ausstrahlung in der ARD kostet je Schaltung 26 000,00 €. Die Ausstrahlung bei RTL kostet je Schaltung 22 000,00 €.

3. Arbeiten Sie aufgrund Ihrer bisherigen Überlegungen einen konkreten Werbeplan für das EKZ Rheinpark aus. Erstellen Sie dazu ein Plakat und halten Sie wesentliche Schritte Ihrer Arbeit in der folgenden Tabelle in Stichworten fest.

Werbeplan EKZ Rheinpark	
Schritte	**Entscheidungen**

4. Sammeln Sie in Ihrer Gruppe Ideen, wie Sie als Kaufmann/Kauffrau den Erfolg Ihrer Werbemaßnahmen überprüfen können.

Möglichkeiten für eine Werbeerfolgskontrolle

Bewerten und Durchführen

Schritt 1: Kriterien für die Bewertung festlegen
Legen Sie in Ihrer Gruppe **drei** Kriterien fest, mit deren Hilfe Sie beurteilen können, ob ein Werbeplan entwickelt wurde, der auch in sich schlüssig ist.

Kriterien zur Bewertung

1. ______________________________
2. ______________________________
3. ______________________________

Schritt 2: Checkliste erstellen
Erstellen Sie eine Checkliste mit **sechs** Punkten, die Sie für die Beurteilung der Präsentation nutzen können.

Checkliste		Erfüllt	nicht erfüllt
1.			
2.			
3.			
4.			
5.			
6.			

Schritt 3: Reflexion in der Arbeitsgruppe
Bevor Sie mit Ihrer Präsentation beginnen, überprüfen Sie in der Gruppe, ob die vereinbarten Kriterien der Checkliste Ihrer Meinung nach eingehalten werden, und passen Sie Ihre Planung eventuell an.

Schritt 4: Präsentation und Feedback
Präsentieren Sie Ihren Werbeplan und Ihre Checkliste. Nutzen Sie Ihre Checkliste, um den anderen Gruppen ein Feedback für ihre Arbeitsergebnisse zu geben.

Lernergebnisse sichern

Erstellen Sie mithilfe der folgenden Tabelle eine Lernübersicht für einen vollständigen Werbeplan. Berücksichtigen Sie dabei Ergänzungen/Berichtigungen, die sich nach der Präsentation durch das Feedback Ihrer Klasse ergeben haben.

Werbeplan		
Wichtige Fragestellungen	Fachbegriffe	Beispiele

Werbeplan		
Wichtige Fragestellungen	**Fachbegriffe**	**Beispiele**

Übung 2.1: Kosten der Werbung – der Tausenderpreis

Der Tausenderpreis (TP) ist eine Kennzahl für die Kosten eines Werbeträgers. Er gibt an, wie teuer es ist, 1 000 Personen mittels eines Werbeträgers zu erreichen und ermöglicht somit den Preisvergleich zwischen verschiedenen Werbeträgern. Er berechnet sich wie folgt:

$$TP = \frac{\textbf{Preis für Werbeträger} \cdot \textbf{1 000}}{\textbf{Zahl der erreichten Personen}}$$

Bei Zeitungen wird dabei der Preis einer ganzen Anzeigenseite zugrunde gelegt. Bei Radiowerbung rechnet man stattdessen mit den Sendekosten für einen 30-Sekunden-Spot (Produktionskosten für den Spot werden nicht berücksichtigt).

a) Errechnen Sie mithilfe der in Lernsituation 2 auf S. 167 angebotenen Kosteninformationen den Tausenderpreis für einen öffentlich-rechtlichen Radiosender, einen lokalen Radiosender, eine regionale Tageszeitung und ein regionales, wöchentliches Anzeigenblatt. Überprüfen Sie anhand des Ergebnisses, ob Sie bei Ihrem Werbeplan für das EKZ Rheinpark unter Kostengesichtspunkten eine sinnvolle Entscheidung für die Werbeträger getroffen haben.

Öffentlich-rechtliches Radio	
Lokalsender	
Tageszeitung	
Anzeigenblatt	
Ergebnis der Überprüfung:	

b) Der Getränkemarkt Gerhards KG im EKZ Rheinpark möchte seine **Bier-Sonderangebote** in Zeitungsanzeigen bewerben. Die Anzeigen sollen in der örtlichen Tageszeitung oder in einem Anzeigenblatt erscheinen. Folgende Daten der Verlage liegen vor:

	Anzeigenblatt	Tageszeitung
Verteilte/Verkaufte Auflage	600 000	400 000
Anteil der Biertrinker in % der Leser	70	50
Preis je Anzeigenseite in €	8 000,00	20 000,00

Berechnen Sie den Tausenderpreis für beide Medien.

Übung 2.2: Werbung, Verkaufsförderung oder Öffentlichkeitsarbeit?

a) Erläutern Sie den Unterschied zwischen den Begriffen „Werbung“, „Verkaufsförderung“ (Salespromotion) und „Öffentlichkeitsarbeit“ (Public Relations).

Werbung	
Verkaufsförderung (Salespromotion)	
Öffentlichkeitsarbeit (Public Relations)	

b) Ordnen Sie die beschriebenen Maßnahmen den Begriffen „Werbung“, „Verkaufsförderung“ und „Öffentlichkeitsarbeit“ richtig zu.

Maßnahmen	Werbung, Verkaufsförderung, Öffentlichkeitsarbeit?
Prospektbeilage in einer Zeitung	
Lautsprecherdurchsage im Verkaufsraum	
Ein Einzelhändler übergibt im Rahmen eines Pressetermins einen Scheck an einen Kindergarten.	
Computergestützte Fußvermessung bei Sportschuhen	
Stammkunden werden angeschrieben	
Autogrammstunde mit einem Prominenten	

Ein Unternehmen stellt in einer Anzeige seine 15 neuen Auszubildenden vor.	______________
Ein Mitarbeiter des Herstellers stellt die Vorzüge eines neuen Kaffeevollautomaten vor.	______________
Videovorführung eines neuen Werkzeuges	______________

Übung 2.3: Das Gesetz gegen den unlauteren Wettbewerb (UWG)

a) Informieren Sie sich im Lehrbuch/Internet über grundlegende Bestimmungen des oben genannten Gesetzes.

b) In der folgenden Tabelle finden Sie **drei Arten** von Verstößen, gegen die Verbraucher und Mitbewerber durch das UWG geschützt werden sollen. Finden Sie zu jeder dieser Gruppen ein konkretes Beispiel.

Irreführende Werbung	Verstoß gegen die guten Sitten	Behinderung der Konkurrenz

c) Überlegen Sie bei den unten stehenden Situationsbeschreibungen oder Bildern von Werbemaßnahmen, ob diese eventuell gegen das UWG verstoßen. Beschreiben Sie die Wirkung der Werbung auf Sie persönlich und halten Sie mögliche Verstöße in Stichworten fest.

Werbemaßnahmen	Wirkung auf mich	Mögliche Verstöße

Der Inhaber eines Elektrofachgeschäfts hängt ein Schild in sein Schaufenster, auf dem er davor warnt, dass die Mitbewerber nur billige Preise anbieten können. Er hingegen berate auch fundiert und habe umfangreiche Serviceleistungen im Repertoire.		

Werbemaßnahmen	Wirkung auf mich	Mögliche Verstöße
 In einer Bahnhofshalle befindet sich schräg gegenüber von einer Burger-King-Filiale ein McDonalds-Werbe-Plakat mit der Aufschrift „Könige sind out, McDonald's ist lecker!"		
Ein Händler wirbt in einer Anzeige für Bohrmaschinen „Unser Hammer für alle Kunden: Ihre Bohrmaschine im Koffer zum Sonderpreis von 25,00 €." Am Abend sind alle Maschinen verkauft.		
Die Center Warenhaus GmbH stellt in einem Prospekt mehrere Preise denen der Gandalf AG gegenüber, z. B.: „Badehose „sHARK" des Markenherstellers Dose bei uns nur 29,99 €, bei Gandalf 39,99 €."		

Übung 2.4: Fälle vor dem Deutschen Werberat – Wie weit darf Werbung gehen?

Werbung soll Wirkung erzeugen. Dazu ist es erforderlich, dass die Menschen aufmerksam werden und sich die Werbung auch einprägen. Um dies zu erreichen, ist der Werbeindustrie schon so manches eingefallen, was viele Menschen als „grenzwertig“ ansehen. Der Deutsche Werberat ist eine Einrichtung der Wirtschaft. Er soll auf Grundlage der Gesetze, der werberechtlichen Vorschriften und der aktuell herrschenden Auffassung über Sitte, Anstand und Moral dabei helfen, Missbrauch festzustellen und zu beseitigen. Jeder Bürger hat das Recht, gegen diskriminierende bzw. unlautere Werbung beim Werberat Beschwerde einzulegen.

Überlegen Sie, wie der Deutsche Werberat in den folgenden Fällen auf die Beschwerden reagiert haben könnte. Begründen Sie dazu Ihre persönliche Meinung, ob die Werbung aus Ihrer Sicht in Ordnung ist oder ob hier gegen die guten Sitten, Anstand und Moral verstoßen wird.

Beanstandete Werbung	Entscheidung?/Meine Meinung
Auch große Firmen leisten sich kritische Werbung. Ein Computerhardwarehersteller bewarb einen seiner tragbaren Computer mit dem Wort „unschlagbar!“ und meinte damit eigentlich seine Akkuleistung. Im Werbeplakat sieht man jedoch **hauptsächlich** einen blutverschmierten Boxer.	
Ein Modekaufhaus warb für seine Dessous in Fernsehspots mit einem weiblichen Model, bekleidet mit der beworbenen Wäsche. Der zugehörige Werbetext lautete „Bringt Eis zum Schmelzen“. Die Beschwerde lautete auf „sexistische Werbung“.	
Das Plakat einer Karateschule zeigte ein von Schlägen malträtiertes und blutendes Gesicht eines Mannes – ergänzt um den Slogan: „Präzise – Schnell – Anwendbar“.	
In einer weltweiten Werbekampagne zeigte der Benetton-Konzern Plakate mit zum Tode Verurteilten aus den USA. Sie waren überschrieben mit den Worten „Dem Tod ins Gesicht sehen“ und sollte „den Todeskandidaten ihr menschliches Gesicht wiedergeben“. Gezeigt wurden die Bilder von Mördern, die in Amerika zum Tode verurteilt wurden, unter Angabe ihrer vollen Namen.	

Beanstandete Werbung	Entscheidung?/Meine Meinung
Ein Hotelbetreiber zeigte auf einer Werbepostkarte den Unterleib einer Frau im Bikini mit der Aufschrift „24 h open“ in Höhe des Schambereichs sowie dem Text „Sexy Preise“.	
Eine Brauerei warb für ihre Biermarken „18achtundachtzig“ unter Verwendung des Produktnamens. Die Beschwerde beanstandet, dass die Nennung der Ziffernkombinationen „18“ und „88“ als Hinweis auf die Zahlencodes für Adolf Hitler (1. Buchstabe des Alphabets: A, 8. Buchstabe: H) die rechte Szene besonders ansprechen könnte.	
Ein Sender bewarb seine TV-Serie auf Plakaten mit dem Slogan „Ein Tag ohne Marienhof ist wie Sex ohne Sportlehrer“. Die Beschwerdeführer sahen in dieser Werbung eine Gefährdung Schutzbefohlener. Es werde der Eindruck erweckt, dass sexuelle Kontakte zwischen Lehrern und Schülern legitim seien.	

Informieren Sie sich mithilfe des QR-Codes über Entscheidungen des Deutschen Werberates.

Prüfungsvorbereitung

1. Aufgabe

Kreuzen Sie an, welche Maßnahme gegen das UWG verstößt.

1. Die Center Warenhaus GmbH gewährt jedem Kunden bei Barzahlung einen Rabatt in Höhe von 5 %. ☐
2. Die Center Warenhaus GmbH möchte sich von der Sportabteilung trennen und wirbt deshalb mit einem Räumungsverkauf. ☐
3. Die Center Warenhaus GmbH veranstaltet ein Preisausschreiben mit Preisen im Wert von 30 000,00 €. Damit Kunden daran teilnehmen können, müssen sie vorher bei der Center Warenhaus GmbH für 100,00 € eingekauft haben. ☐
4. Die Center Warenhaus GmbH verteilt in der Fußgängerzone Prospekte mit dem Aufdruck: „Unsere Verkaufsfläche ist größer als die der Gandalf AG". ☐
5. Die Center Warenhaus GmbH preist in einem Werbeflyer ihr umfassendes Sortiment an. ☐

2. Aufgabe

Bei der Bestellung von Einkaufstüten müssen bestimmte Kriterien beachtet werden. Welches ist ein ökologisch wichtiger Gesichtspunkt? Kreuzen Sie an.

1. Zweckmäßigkeit ☐	3. Kosteneinsparung ☐	5. Umweltverträglichkeit ☐
2. Einwegverpackung ☐	4. Werbewirksamkeit ☐	6. Gewicht ☐

3. Aufgabe

Entscheiden Sie, um welche Art der Werbung es sich bei der abgebildeten Anzeige handelt. Kreuzen Sie die richtige Antwort an.

1. Einzelwerbung ☐
2. Einführungswerbung ☐
3. Gemeinschaftswerbung ☐
4. Alleinwerbung ☐
5. Sammelwerbung ☐

4. Aufgabe

Ein Einzelhändler wendet 60 % seines Werbetats für Prospekte und 25 % für Zeitungsanzeigen auf. Wie viel Euro bleiben für weitere Werbemaßnahmen übrig, wenn der Jahres-Werbeetat 24 000,00 € beträgt?

____

____

5. Aufgabe

Ware, die nach Gewicht verkauft wird, muss aufgrund der gesetzlichen Vorschriften neben dem Bruttoverkaufspreis auch mit dem Preis je Mengeneinheit (z. B. 1 kg oder 100 Gramm) ausgezeichnet werden. Prüfen Sie, ob diese Vorschriften einen Vorteil für den Verbraucher bringen. Kreuzen Sie die richtige Lösung an.

1. Nein, da die kg-Angaben den Kunden zusätzlich verunsichern. ☐
2. Ja, da kleine Haushalte so auch kleine Mengen einkaufen können. ☐
3. Nein, da der Kunde durch die vielen Preisangaben verwirrt wird. ☐
4. Ja, denn der Kunde erkennt durch den kg-Preis schneller Mengenrabatte. ☐
5. Ja, ein Preisvergleich wird durch die einheitliche Basis erleichtert. ☐

6. Aufgabe

Viele Artikel besitzen eine aufwendige und ansprechende Umverpackung. Worin liegt der Grund für eine solche Aufwertung? Kreuzen Sie die richtige Lösung an.

1. Eine aufwendige Umverpackung soll die Qualität des Artikels erhöhen. ☐
2. Eine aufwendige Verpackung zeigt, dass es sich um einen Markenartikel handelt. ☐
3. Bei Artikeln des täglichen Bedarfs spielt die Verpackung keine Rolle. ☐
4. Eine ansprechende Verpackung soll den Kaufwunsch des Kunden wecken. ☐
5. Eine aufwendige Umverpackung führt automatisch zu mehr Zusatzverkäufen. ☐

7. Aufgabe

Für welche Verpackungen muss ein Einzelhändler gemäß VerpackVO Sammelbehälter aufstellen? Kreuzen Sie an.

1. Nur für Mehrwegverpackungen. ☐
2. Für Metalle und Holz ☐
3. Für Glas, Papier und kompostierbare Abfälle. ☐
4. Für Papier und Mehrwegflaschen ☐
5. Für Pappe, Papier und Kunststoffe von Umverpackungen ☐

8. Aufgabe

Ein Schuhgeschäft wirbt mit dem Slogan: „Für Ihre Füße nur das Beste: Echtes Leder!" Welchen Anspruch müssen Sie hinsichtlich der Werbewirksamkeit an einen Slogan stellen?

1. Er muss witzig sein. ☐
2. Er muss aus einem vollständigen Satz bestehen. ☐
3. Er muss in Versform sein. ☐
4. Er darf sich nur auf ein einzelnes Geschäft beziehen. ☐
5. Er muss einprägsam sein. ☐

9. Aufgabe

Ein Schuhgeschäft plant für eine bestimmte Art von Schuhen Werbemaßnahmen. Was müssen Sie bei der Planung einer solchen Maßnahme für eine bestimmte Zielgruppe beachten? Kreuzen Sie Zutreffendes an.

1. Die Zielgruppe besteht aus einer größeren Anzahl von Menschen. Daher wird eine Werbeagentur beauftragt. ☐
2. Die Werbebotschaft soll auf die Zielgruppe abgestimmt sein. ☐
3. Die zeitliche Durchführung einer Werbemaßnahme ist völlig unabhängig von einer Zielgruppe. ☐
4. Der Umfang des Werbeetats bestimmt, welche Zielgruppe angesprochen wird. ☐
5. Bei einer Gemeinschaftswerbung muss keine Entscheidung über die Zielgruppe getroffen werden. ☐

10. Aufgabe

Wie lautet der Fachbegriff, wenn die Center Warenhaus GmbH allgemeines Vertrauen und Interesse in der Öffentlichkeit zu wecken und zu erhalten sucht?

1. Absatzwerbung	☐	2. Einführungswerbung	☐	3. Salespromotion	☐
4. Public Relations	☐	5. Propaganda	☐	6. Verkaufsförderung	☐

Situation für die Aufgaben 11.–16.
Sie sollen eine Sonderaktion in der Sportabteilung der Center Warenhaus GmbH planen, um den Absatz verschiedener Artikel zu erhöhen. Um zu entscheiden, welche Artikel in die Sonderaktion aufgenommen werden, hat Ihnen der Abteilungsleiter den Auszug aus dem Warenwirtschaftssystem vorgelegt.

Renner-/Penner-Liste Funktionswäsche				Monat: August		
Artikel-Nr.	Bezeichnung	Brutto-Verkaufspreis in €	Aktueller Bestand in Stück	Monatsabsatz in Stück	Monatsumsatz in €	Rohgewinn
3452778	Nosweat	8,99	380	120	1078,80	215,76
7652736	Everdry	12,95	21	279	3613,05	722,61
9577666	Neverwet	5,99	50	800	4792,00	479,20
6518989	Comfort	13,99	297	3	41,97	8,39
3452561	Feelgood	17,95	195	285	5115,75	1023,15
9805632	Nostink	17,95	120	4	71,80	14,36

11. Aufgabe
Bei welchen 2 Artikeln handelt es sich um sogenannte Penner-Artikel? Begründen Sie Ihre Entscheidung.

12. Aufgabe
Sie möchten die ausgewählten „Penner-Artikel" während einer Sportvorführung auf einem Sondertisch anbieten. Welche 3 Fragen müssen u. a. vor Beginn der Aktion geklärt werden, um diese erfolgreich durchführen zu können?

1.

2.

3.

13. Aufgabe
Warum ist es nicht sinnvoll, den Artikel Neverwet in die Sonderaktion aufzunehmen?

14. Aufgabe
Sie sollen die Aktionspreise für ausgewählte Artikel festlegen. Welche 2 Kriterien sind bei der Preisbildung u. a. zu beachten?

1.

2.

15. Aufgabe

Geben Sie 2 Möglichkeiten an, wie die Center Warenhaus GmbH auf die geplante Sonderaktion aufmerksam machen kann.

1. ______

2. ______

16. Aufgabe

Im Anschluss an die Verkaufsaktion sollen Sie einen Vergleich mit Aktionen aus den beiden Vorjahren vornehmen. Dazu liegt Ihnen die Information aus dem Warenwirtschaftssystem vor.

Auswertung September			
	Aktion laufendes Jahr (Berichtsjahr)	Berichtsjahr minus 1	Berichtsjahr minus 2
Umsatz in €	**3750,00**	**4800,00**	**4750,00**

16.1. Beschreiben Sie die Entwicklung der Umsatzzahlen der Aktion in den drei Jahren.

______

______

______

______

______

16.2. Nennen Sie 3 mögliche Gründe für die Umsatzentwicklung der letzten Aktion.

1. ______

2. ______

3. ______

Situation für die 17.–20. Aufgabe:
Für die Zeit der Weltmeisterschaft einer Sportart, die in Deutschland stattfindet, plant die Center Warenhaus GmbH eine Sonderfläche mit WM- und Fanartikeln einzurichten. Die Werbeplanung soll im Team erfolgen.

17. Aufgabe

Ihr Team wird mit der Planung der Aktionsfläche beauftragt. Zeigen Sie stichwortartig fünf Überlegungen auf, die bei dieser Planung gemacht werden müssen.

1. ______

2. ______

3. ______

4. ______

5. ______

18. Aufgabe
Wählen Sie zwei verkaufsfördernde Maßnahmen (Attraktionen) aus, die während des Aktionszeitraumes (auch im gesamten Warenhaus) eingesetzt werden können, und begründen Sie deren Einsatz.

Attraktion	Begründung/Werbewirksamkeit

19. Aufgabe
Ihr Team will eine Anzeige in der regionalen Tageszeitung schalten, mit der auf diese Attraktionen hingewiesen werden soll. Formulieren Sie in der Tabelle in wörtlicher Rede vier weitere Informationen für den Text dieser Werbeanzeige, die für den Kunden von Bedeutung sind.

Auf unserer Sonderfläche in der Sportabteilung ...

1.
2.
3.
4.

20. Aufgabe
Die Wirkung einer Anzeige hängt nicht nur von ihrem Inhalt ab. Zeigen Sie stichpunktartig drei weitere Faktoren auf, die für die Werbewirksamkeit einer Anzeige wichtig sind.

1.
2.
3.

Situation für die 21.–24. Aufgabe:
Die Center Warenhaus GmbH nimmt eine neue Warengruppe in ihr Sortiment auf. Dazu sollen die Marketinginstrumente „Werbung“ und „Verkaufsförderung“ eingesetzt werden.

21. Aufgabe
Erläutern Sie die folgenden Begriffe.

Werbeetat	
Zielgruppe	
Streuzeit	
Streugebiet	

22. Aufgabe

Ein Mitarbeiter schlägt den folgenden Werbeslogan vor: „Jeder Kunde, der einen Artikel der neuen Warengruppe erwirbt, nimmt an einem Preisausschreiben teil." Begründen Sie, ob dieser Slogan nach dem UWG erlaubt ist.

23. Aufgabe

Nennen Sie vier Maßnahmen der Verkaufsförderung, mit denen die Einführung von Artikeln der neuen Warengruppe unterstützt werden kann.

1.
2.
3.
4.

24. Aufgabe

Beschreiben Sie zwei Möglichkeiten, wie Sie den Erfolg der Werbeplanung überprüfen können.

25. Aufgabe

Der Stammkunde Herr Groß hat sich für einen Artikel entschieden und möchte diesen bei Ihnen bezahlen. Er besitzt als Stammkunde eine Kundenkarte der Center Warenhaus GmbH. Nennen Sie je zwei Vorteile der Kundenkarte für Herrn Groß und die Center Warenhaus GmbH.

Herr Groß	Center Warenhaus GmbH

Situation zur 26.–28. Aufgabe

Sie erhalten den Auftrag, für eine bevorstehende Sonderaktion der Center Warenhaus GmbH ein Werbekonzept zu erarbeiten. Hierbei werden die Werbemittel, Werbeträger und Werbekosten für einen bestimmten Zeitraum festgelegt.

26. Aufgabe

Welcher Begriff steht für die oben beschriebenen Überlegungen? Kreuzen Sie die richtige Lösung an.

1. Marktforschung ☐
2. Werbeerfolgskontrolle ☐
3. Marketinginstrument ☐
4. Werbeplan ☐
5. Verkaufsförderung ☐

27. Aufgabe

Wie können Sie feststellen, ob der Werbeetat für die bevorstehende Sonderaktion ausreichend ist? Kreuzen Sie Zutreffendes an.

1. Sie berechnen die durchschnittliche Umsatzsteigerung der letzten drei Sonderaktionen. ☐
2. Sie vergleichen die Kosten der bevorstehenden Sonderaktion mit den Kosten der letzten Sonderaktion. ☐
3. Sie vergleichen den zu erwartenden Umsatzzuwachs mit dem Vorjahresumsatz. ☐
4. Sie vergleichen den zur Verfügung stehenden Etat der Sonderaktions-Werbung mit den Kosten für diese Werbeaktion. ☐
5. Sie überprüfen die Herkunft der finanziellen Mittel für die Werbung und errechnen daraus den zu erwartenden Umsatzzuwachs. ☐

28. Aufgabe

Entscheiden Sie in den folgenden Fällen, ob es sich um ein Werbemittel oder einen Werbeträger handelt. Kennzeichnen Sie die Werbemittel mit der Ziffer 1, die Werbeträger mit der Ziffer 2.

Tageszeitung	☐	Rundfunkspot	☐
Litfaßsäule	☐	Lautsprecherdurchsage	☐

29. Aufgabe

Sie sollen den Bekanntheitsgrad der Center Warenhaus GmbH steigern und eine „Public Relations-Maßnahme" entwickeln. Welche Maßnahme gehört dazu? Kreuzen Sie die zutreffende Aussage an.

1. Bedarfsweckung für neue Waren ☐
2. Ausnutzung der Herstellerwerbung für die eigenen Geschäftszwecke ☐
3. Gemeinschaftliche Produktwerbung mit anderen Einzelhändlern ☐
4. Beobachtung des Kundenverhaltens ☐
5. Einladung zu einer Autogrammstunde mit dem bekannten Tenor Placebo Domenico. ☐

30. Aufgabe

Auf Verpackungsfolien finden Sie zunehmend das nebenstehende Symbol, bei dem Buchstaben und Zahlen sich ändern können. Was bedeutet dieses Zeichen? Kreuzen Sie die richtigen Antworten an.

1. Es handelt sich um eine Folie, die nicht recycelbar ist. ☐
2. Es zeigt, dass bei der Verbrennung Giftstoffe freigesetzt werden. ☐
3. Es weist darauf hin, dass diese Folie dem Restmüll zugefügt werden muss. ☐
4. Es ist ein Hinweis, um ein sortenreines Recycling vornehmen zu können. ☐
5. Es bedeutet, dass diese Folie an den Lieferanten/Hersteller zurückgeschickt werden kann. ☐

31. Aufgabe

In der Center Warenhaus GmbH fällt viel Verpackungsmaterial an. Die Geschäftsleitung verlangt von Ihnen, dass der Umweltaspekt beim Umgang mit dem Müll berücksichtigt wird. Sie haben zwei Müllstrategien zur Auswahl. Ordnen Sie zu, indem Sie die Ziffern von **zwei** der insgesamt sechs Vorgehensweisen unterhalb der Müllstrategien eintragen.

Verhaltensweise	Müllstrategien
1. Die Kunden erhalten nur auf Wunsch eine Tragetasche. 2. Die Ware wird in Leihverpackungen geliefert, die an den Lieferanten zurückgesandt werden. 3. Im Kassenbereich werden Papiertüten ausgelegt, damit sich die Kunden beliebig bedienen können. 4. Anfallenden Verpackungsmüll kann die Kundschaft direkt im Geschäft entsorgen. 5. Es wird eine besondere Abteilung mit Umweltprodukten geschaffen. 6. Verpackungsmüll wird in einem speziellen Entsorgungssystem erfasst und wiederverwertet.	Wiederverwendung: ____________ Wertstoffrecycling: ____________

32. Aufgabe

Lesen Sie die folgende Vorschrift für den Einzelhandel: „... Wer seit 1. Mai 2006 Getränke in Pfand-Einwegverpackungen verkauft, muss seither solche Behälter auch gegen Pfandrückgabe zurücknehmen – unabhängig davon, ob sie im eigenen Geschäft verkauft wurden oder nicht. Die Rücknahmepflicht beschränkt sich jedoch auf die jeweils vertriebene Materialart; das bedeutet, dass Kunststoffflaschen (PET-Flaschen) nur der zurücknehmen muss, der diese auch verkauft."

Welches Symbol kennzeichnet diese Regelung? Kreuzen Sie an.

 ☐  ☐  ☐ 

☐ 

☐

Bildquellenverzeichnis

3M Deutschland GmbH, Neuss: 162.1.

Alff, Reinhard, Dortmund: 31.3.

Baaske Cartoons, Müllheim: Plaßmann, Thomas 34.2.

Badischer Wein GmbH, Freiburg: 162.2, 163.1.

Bergmoser + Höller Verlag AG, Aachen: Zahlenbilder 104.1.

Bundesanstalt für Landwirtschaft und Ernährung (BLE), Bonn: 56.1.

Charfreitag, Claudia, Erkelenz: 134.1, 134.3, 137.1.

Der Grüne Punkt - Duales System Deutschland GmbH, Köln: 56.10, 183.2.

EURO Kartensysteme GmbH, Frankfurt am Main: 119.1, 119.3, 119.4.

Fairtrade Deutschland, Köln: 56.2.

Foto Stephan - Behrla Nöhrbaß GbR, Köln: 7.1, 25.1, 43.1, 48.1, 49.1, 49.2, 49.3, 49.4, 49.5, 60.1, 60.2, 60.3, 60.4, 61.1, 63.1, 76.1, 80.1, 80.2, 90.1, 91.1, 132.1.

fotolia.com, New York: adisa 134.2, 134.4; Alexandre 51.1; auris 167.4; Aurélien Pottier 118.1; eyewave 115.2; missan 56.9; Olga Bogdanova 75.1; reinhard sester 167.1; Scott Latham 167.2; Sport Moments 113.1; Stefan Redel 48.2; Stephen Coburn 23.1, 23.2; TAlexTech 56.4; vloenerjung 79.2.

frottana Textil GmbH & Co. KG, Großschönau: möve 138.1.

Henkel AG & Co. KGaA, Düsseldorf: 56.3, 81.3.

iStockphoto.com, Calgary: andresr Titel; anouchka 128.1; Believe_In_Me 70.3; bombuscreative 70.1; Customdesigner 75.2; Demarczyk, Thomas 173.1; Floortje 58.1; Geithe, Ralf 30.1; jaroon 101.2; Ljupco 101.1; ollo 167.3; RelaxFoto.de 30.2; tiler84 110.1; walik 108.1.

Koufogiorgos, Kostas; www.koufogiorgos.de, Haigerloch: 34.1.

Mastercard Europe SPRL, Frankfurt am Main: 2020, Maestro ist ein eingetragenes Markenzeichen und das Kreisdesign ist ein Markenzeichen von Mastercard International Incorporated. 119.2.

möve, frottana Textil GmbH & Co. KG, Großschönau: 138.1.

Picture-Alliance GmbH, Frankfurt/M.: dpa-infografik 35.1, 157.1; dpa/ Gambarini, Federico 163.3; dpa/ Haid, Rolf 176.1; dpa/Kohlmeyer, Marco 166.2; dpa/Tschauner, Franz-Peter 166.1.

Postbank – eine Niederlassung der Deutsche Bank AG, Bonn: 110.2, 121.1, 121.2.

RAL gGmbH, Bonn: 56.5, 81.1, 81.2, 183.3.

Stiftung Warentest, Berlin: 56.11.

stock.adobe.com, Dublin: agnormark 31.2; akf 19.1; Barker, Andrew 98.1; Chopard Photography 52.1; contrastwerkstatt 101.3; Drobot Dean 86.1; euthymia 66.1; ExQuisine 20.1; gstockstudio 31.1; Kneschke, Robert 61.3, 119.5; Lia Aramburu 183.1; Lucky Dragon USA 146.1; Marem 56.7; MAXSHOT 79.1; Mühlbauer, Johanna 163.2; Nabokov Alex 172.1; Neumann, Robert 69.1; Rawf8 70.2; Robert Kneschke 61.2; sebra 10.1; svort 127.2.

TÜV SÜD AG, München: 56.6.

© Deutscher Sparkassen Verlag, Stuttgart: 127.1.

© Europäische Union: 1995-2020 56.8.

© Europäische Zentralbank (EZB), Frankfurt/M.: 91.2, 91.3, 91.4, 91.5, 91.6, 91.7, 91.8, 91.9.

Wir arbeiten sehr sorgfältig daran, für alle verwendeten Abbildungen die Rechteinhaberinnen und Rechteinhaber zu ermitteln. Sollte uns dies im Einzelfall nicht vollständig gelungen sein, werden berechtigte Ansprüche selbstverständlich im Rahmen der üblichen Vereinbarungen abgegolten.